「完全振り子理論」で学ぶ

最後のゴルフレッスン

永田 玄

Nagata Gen

講談社

「完全振り子理論」で学ぶ

最後のゴルフレッスン

永田 玄
Nagata Gen

講談社

はじめに――

ゴルフに負けたくない

introduction

今から13年前『ゴルフに深く悩んだあなたが最後に読むスウィングの5カ条』という タイトルの本を書いた。なぜか売れた。結果的にシリーズとなり3冊。文庫本まで出た。それから9年が経ってこの本を書いた。理由は「もっと明快にゴルフの理屈が見えた」からだ。「わかった」のではなく「見えた」のだから、今回は肝心な要点を、写真や図にして入れた。

ゴルフは全て理屈だ。空を飛んでいくボールはスウィングによって与えられたエネルギー（理屈の結果）を表現している。高さ、スピン量、飛距離……。ヘッドがボールにコンタクトし与えられた力が、飛球という形で現れる。飛ばないのも、曲がるのも、地を這うのも、全て理屈の結果だ。これは時に「嬉しい」、そして多くの場合は「悲しい」ことになる。

だから、ゴルフを上達させるにはその理屈を理解し、その理屈を頭に言い聞かせ、その理屈を映像として記憶に定着させ、その映像を身体に染み込ませ、最後に身体で表現する必要がある。ああ、面倒だし、たしかに難しい。でも、この「面倒」「難しい」がゴルフ最大の魅力なのだから……。もう一点付け加えればここの「理屈」は一本の（終わりのない）紐《ひも》状になっている。つまり、全てがつながっているのだ。点ではなく紐。なのに、私を含めてアマチュアの多くはゴルフを点で理解し、修正しようとしている。だからまたミスが生まれる。悲しい、そして憎い。このゴルフをなんとかしたい。嗚呼、負けたくない……。

そう思って数十年。この本は本当の「最後」だ。

昨年夏のエビアンチャンピオンシップ最終日、最終ホールでの古江彩佳プロの6アイアンでのセカンドショットには感動した。完璧な理屈が見事に空を飛んでいた。そのスウィングには力感など微塵もなく、身体の全てのパーツの動きは驚くほどにスムーズだった。放たれたボールはまるで彼女の意思を理解しているかのようにターゲットへ。あのスウィングこそ「理想」だと思い、心に沁みた。

目次

Contents

ブックデザイン　岡本一宣デザイン事務所

Chapter 1

アマチュアゴルファーのあるべき姿

Part 1

この本は誰のために、何を目的として書いているのか?

ゴルフはアーチェリーに似ている

ゴルフを上達したいと考える。さて、どうするのか？　レッスン書を読む、レッスンプロに教えを乞う、YouTubeを繰り返し見る、友人の自称「上手」に教わる……となる。しかし、これらの先生たちはどのようなレベルのゴルフを、どのような手順で、どれだけ本気で教えようとしているのか？　肝心なのはそこだ。

ゴルフは実はとても単純な運動だ。だからこそ難しい。その上、相手は直径4センチ強（正確には42・67ミリ）、約46グラムの球体。それに金属製の大きめのヘッドを衝突させ、その球体を遥か遠くの目的の地まで運ぼうというのだ。

拙著で以前「ゴルフは野球よりもアーチェリーに似ている」と書いた。確かに精度の高い「衝突」が要求され、精度の高い「目標」を射ることを目的としている。その「精度」にもかかわらず「遠くへ飛ばしたい」という強い欲望がプレーヤーの心の中には渦巻いている。その欲望こそが「ゴルファーの敵」。欲望が

「精度」を曇らせてしまっている。つまりは「運任せ」のゴルフになる。

アマチュアは身体能力に恵まれていない

多くのプロ、あるいは「上手」（トップアマ）は身体能力に恵まれている人がほとんどである。とりわけプロと言われる人は「幼い頃からゴルフをやっている」「両親もスポーツ経験者だった」「素晴らしい肉体の持ち主」「運動神経が良い」「筋肉の質が高い」「柔軟性がある」といった特徴がある。そして何より「自らの身体の動きを映像として認識できる」。ついでに「練習する時間」まである。

それにくらべて、ほとんどのアマチュアゴルファーはいたって平凡な肉体の持ち主であり、さほど練習する時間もない。そんなないないない尽くしのアマチュアの悩みを、彼らプロや身体能力に恵まれた人々は理解できるのであろうか？　彼らの多くは、理想とされる海外の有名プロゴルファーのスウィングを見ただけで、似たような身体の動きができてしまうのだ。彼らには彼らなりに高い次元での悩みはあるにしろ、似たようなスウィングができてしまう。もちろんボールが飛ばないなどの低次元の悩みなどないのだ。そんなプロや、上手に、平均的な悩めるアマチュアの気持ちなど理解されるわけもない。と、ボヤキで始まった。

アマチュアの理想とするスウィングとは「飛ばそうとせず、スマートでスムーズなスウィング」大切なのは「正確さ」

ゴルフはアーチェリーに似ている、それが本質だとするのなら、250ヤードの曲がるドライバーショットより190ヤードの正確なドライバーのほうが役に立つ。全ては確率の問題。たまに出るナイスショットよりは毎回安定して出る190ヤードのドライバーショットを求めるべきだ。にもかかわらずゴルフメディアは「マン振り」を助長する。直径4センチのボールにアイアンのヘッドのスコアラインの下から2本目に毎回コンタクトしたい、ならばどうする？ 自分に相応《ふさわ》しいヘッドスピードで「正確に」コンタクトするしかない。それにはどうしたら良いのか？ その悩みになんとか答えを出したい。初めに申し上げておくが

「悩みの張本人」は私だ。悩めるからこそ分かる真実。言葉。そして行き着いた「メソッド」。それをできる限り手順良く、言葉と幾つかの画像を使って表現している。役に立つはずだ……。

「正確さ」を求めるのなら「理論」を学ぶしかない。

と言ってもこの本で紹介する理論は、さほど複雑、難解なものではない。

もう一点ついでに申し上げれば、身体で理屈を体現するには多少の努力と、自分に合った動きを創作（フィット）する必要もある。その創作（個性）も理屈に適《かな》っていなければ残念ながらスウィングは破綻する。

「飛距離」を忘れて「正確に」「スムーズに」「スマートに」スウィングするにはどうすれば良いのか？　その答えを身体能力のけっして高くはない、私自身を含めた多くのアマチュアのために指南したのがこの本となる。わずかな練習時間でも、読めばシングル・プレーヤーを目指せる。そう考えて書いている。

早々と結論から書く。

ヘッドで糸を引くように正確に円軌道を描いてテイクバックし、またその軌道をなぞるようにダウンスウィングでも円軌道を描く。このダウンスウィングで円を描くのが難題。

そして「優しくコンタクトする」ことが最終目的だ。けっしてボールを強く叩いてはいけない。優しく、優しく……。

まずは「糸を引くように」について。

この本の後半で手の通る軌道と、ヘッドが走る軌道の違いについて詳述している。その「ヘッドの通るべき軌道」は1本。その軌道にヘッドを乗せて、テイクバックする。しかし、コースに出れば、広い空間。練習場なら打席の線が目安になるが、ゴルフ場には線がない。その空間で、正しく立ち、そしてたった1本の線に、狂いなくヘッドをトレース（そっくりなぞる）しなければならない。その上、目標は遥か遠くのフェアウェイ。そこで頭の中に広がる欲望と緊張。その1本の線など見つかるわけもなく、やむなくマン振り。もちろんヘッドがボールを芯で捉えるはずもなく、ボールはどこへ？　まるで博打《ばくち》のような運任せなゴルフとなる。

実はテイクバックはとても神経質な作業だ。「速く引く」など無理。日々練習に明け暮れているのならまだしも、たまにクラブを握って、直径4センチのボールにヘッドが芯を喰うなど、不可能。そこで多くのゴルファーはこう考える。「ボールに対して、瞬間だけヘッドが衝突すれば良い」。これでももちろんボールは飛ぶ。ただしそれではゴルフにはならない。前述したように「ゴルフはアーチェリーに似ている」のだからボールの飛距離と左右にブレない方向の正確性が必要となる。なので、1本の線にヘッドを乗せて円軌道をトレースするには、あくまでも「優しく」「ゆっくり」。これしかない。まずはこれからだ。先に進む前に直径4センチ、46グラムの小さなボールにヘッドを正確に角度も維持してコンタクトする……と考え「速くなどできない」ことを理解してほしい。まずは

「ゆっくり」「正確に」を肝に銘じて。これができなければゴルフの上達など不可能となる。「万年ダッファー」、はたまた「悩みの沼の住人」としてゴルフ人生を終えることとなる。

ある有名シニアプロの言葉「ボールは優しくヘッドに乗せる」

これは名言。彼はシニアとしては飛ばし屋としても有名選手。その彼が「優しくコンタクトしろ」と言う。私の師匠はこう言った。「ゴルフに腕力など要《い》らない。そんなに力を使いたいのなら、力が余っているのなら、道路工事のつるはしでも振り回していたらどうだ」。皮肉屋の師匠はいつも柔らかなスウィングで他を圧倒していた。間違いなく脱力もスウィングの肝のようだ。と言ってもにわかに信じられない多くの読者諸氏には、本書を理解して読み終えていただければ深く頷《うなず》いてもらえるはず。「ヘッドをボールに優しくコンタクトする」は初心者向きの言葉であると同時に、上手（ハンディキャップインデックス3以下）にとっての最終目標でもある。

先回りしてここでも結論を書いてしまう。ミート率が高くなればボールの飛距離は自然に伸びる

もちろん飛ばしたいのはやまやま。しかし、問題は精度、正確さである。針の穴を通すような感覚でピンを、グリーンを狙うのがゴルフ。「正確」にヘッドがボールにコンタクトできれば飛ぶようになるし、ターゲットにも着弾する。それもスムーズでスマートなスウィングで。その「スムーズな」という点に肝が隠されている。言ってしまえば「力の入れ方」にもコツがあるようだ。具体的にはスピン量。強く当たればスピンが増える。つまり吹け上がる。どうすればいいのか？

求めているのは「しなやかな力」

「しなやか」は漢字で「撓やか」と書く。この漢字には「たわむ」という意味が

ある。硬い力ではなく、まさに「撓《たわ》む」バネを使った力。つまりは身体全体をバネのように使っていく。硬く、強い力ではなく、柔らかく伸びる力、と言えばお分かりになるだろうか？「しなやか」な力だからこそ、「優しく」「正確」にヘッドをボールにコンタクトできる。もちろん近頃流行りの「スピン量」もけっして高くはならない。吹け上がることなく、ゆっくりとターゲットに向かって飛ぶボール。

肝心なのは「線」

テイクバックからフィニッシュまで、その全ての軌道には「線」がある。その「線」は1本ではない。手が移動する「線」とヘッドが移動する2本の「線」。その「線」を「正確」に「丁寧」に手とヘッドがそれぞれの軌道（線）でトレースできればボールは間違いなくターゲットへ飛ぶ。

その2本の「線」を迷いなく知り、そして実際にそれぞれの線に手（グリップ）とヘッドをトレースできるようにする。そのための身体の使い方（動かす順番）を知る。それがこの本の目的であり、スウィングの理論と実践だ。

繰り返すが、大切なのが「丁寧」という意識。

その「線」をトレースすることができれば。それが理想のスウィングだとすれば。そしてその線をトレースするスウィングが理解されれば、自然とスウィングが「丁寧」になる。エイヤッ、と運任せのヘッドのボールへの衝突ではなく、「丁寧」にヘッドをボールに乗せてターゲットへ運ぼうという意識（知識）、そしてイメージ（画像での記憶）。両方が備われば、そして筋肉に記憶されれば。この筋肉の記憶には繰り返しの練習（量ではなく質が大事）も必要となる。

スウィングの1点に力瘤がある

ほとんどのアマチュアゴルファーのスウィングには「力瘤《ちからこぶ》」がある。スウィングの途中のどこかに特別強い力を込めようとしてしまっているのだ。それがヘッドがボールに衝突する瞬間であったり、ダウンスウィングの途中であったり。

その力瘤がスウィングを壊している。スウィングの理想は「流れるような動き」。その力瘤をなくしてスムーズなスウィングを作りたい。

「しなやか」を忘れているニッポンのゴルファー ゴルフにおいてもガラパゴスだった！ Xシャフトが好きなニッポン人

前段ながら重要なポイントなのでシャフトの話をする。アジアにおけるゴルフ先進国の韓国ではアマチュアが使用するシャフトはRシャフトが主流だそうだ。なのに日本ではSやXが売れ筋。この傾向は「見栄を張りたいニッポンのゴルファー」の姿をよく表している。しかし考えてみればRシャフトの「R」の意味は「レギュラー」「標準」。にもかかわらず、標準とおぼしき多くのニッポン人がスティッフの「S」を好む。どうして「S」を好むのか。先ほどの「丁寧」や「しなやか」がスウィングの肝心なポイントだとすればX（エクストラ）よりもS、SよりもRが「撓む」から飛ぶはずなのに……。シャフトの「撓《しな》り」に乗せてボールを遠くのターゲットまで運びたいのならRがベスト。にもかかわらずRは売れずにSを選ぶニッポン人。この傾向を見ても、「ゴルフが分かっていない！」との結論が導かれる。この話はある世界的なシャフトメーカーの専門家の見解だ。

彼はこう言う。「柔らかなシャフトで曲がらないボールを打てるのはスウィングの軌道に乱れがない証拠」だと。硬いシャフトは曲がりにくいけど飛ばないそうだ。なのに多くのゴルファーはSシャフトを求めつつ「飛ばしたい」とも言う。この話を聞けばいかにもガラパゴスだし、論理的に完全に破綻している。確かに「R」シャフトを使っていると「非力だ」と思われる。「非力＝下手」と勘違いされるのだろうか。悲しい話だ。と言ってもシャフトの表示に世界的な基準などなく、またトルク（捻《ねじ》れ）などのレシピ調整で「S」や「X」と表示されていてもさほど硬さを感じられないようなシャフトをメーカーは製造開発（日本独自のレシピ）しているので一概には言えないが。美しいスウィングと安定した結果を求めたいのなら「柔らかな」「撓《しな》る」シャフトを使ってみるべきだ。実際に練習用の柔らかなシャフト〈あくまでも練習用でR&A〈英国ゴルフ協会〉の許諾はされていないシャフト〉も販売されている。試してみてはいかがだろうか。

「クラブに仕事をさせているか?」

これは私の師匠の口癖だった。今になって思い返せば「しなやか」なスウィングを覚えなさい、というアドバイスだったのだ。日本のゴルフ界にはいくつものガラパゴス的常識が蔓延《はびこ》っているようだ。「硬くて重いシャフトを使いたがる」などその最たる例のようだ。そんな「昭和の非常識」からいち早く脱出し、世界基準のゴルフに到達しているのが日本では女子プロたちである。彼女らのスウィングを革命に導いたのが指導者であると同時に「非力」という事実であったと私は考えている。「力がないので合理性のあるスウィングを追求」する。つまり、力に頼らない合理性のあるスウィングを求めたのであろう。その結果として曲がらない、癖のない、スウィングと球筋が生まれてきた。女子プロたちのスウィングの画像をスローモーションで再生してみると、それがよく分かる。身体の中心の回転にクラブが後からついてきている。つまり完全なボディターンでのスウィングなのだ。それこそ、アマチュアの手本となる「理論」であり「技術」だ。一方で男子（プロアマを問わず）は「力任せ」の感覚と理想が邪魔をしてスウィングの進化から取り残されてきたのだ。おそらく……。

柔軟性という難問

話を女子プロに戻す。彼女らと一般のゴルファーの身体的な違い、それは「柔軟性」。これは難問だ。彼女たちは運動能力もあり、そこに柔軟性がともなっている。合理的スウィング理論に柔軟性が加味され「十分な飛距離」が実現している。そこでよくある諦《あきら》めは「私たちアマチュアにはその柔軟性が欠けているので彼女たちのようなスウィングは不可能」という回答だ。事実、彼女たちのような飛距離は無理。かと言ってその差異を「力」で捻じ伏せようとしてはいけない……。飛距離の差異を甘んじて受け容れるしかない。そこで「ゆっくりと優しいスウィング」。つまりはヘッドスピードを落として「しなやか」さを学ぼうと。

Part 2

上達を妨げる単語
「インパクト」
「ヘッドスピード」そして

「インパクト」

ヘッドがボールにコンタクトする瞬間を捉えた言葉。しかし、この単語を見ると、多くのゴルファーはヘッドがボールにコンタクトする瞬間をイメージしてしまう。つまり、その瞬間が目的になり、その瞬間でスウィングが終わってしまうかのように思い込む。と同時に、その瞬間に最大の力を発揮したいと考えてしまう。スウィングはフィニッシュまで続くのに……。実際、練習場でボールを打っているゴルファーの90％以上はフォローが小さい、いや、「フォローがない」。それに比べて女子プロゴルファーのフィニッシュは首の後ろまで腕やシャフトが巻き付いている。アマチュアはヘッドがボールに強くコンタクト、つまりインパクト時さえ強くボールにヘッドがコンタクトしていればボールは遠くへ飛ぶと勘違いしている。その勘違いを起こさせているのが「インパクト」という単語。「強いインパクト」はかえってボールのスピン量を増やし、吹け上がる球筋になり、飛距離は落ちる。つまりインパクトを意識すればするほどボールの飛距離は落ちてしまっているのだ。

「ヘッドスピード」

続いて、この単語も危ない。この単語によって無茶振り、腕振りを助長している。下半身を忘れて上半身ばかりに力が入り、結果ボールの行方が定まらない。下半身はバタバタとなる。正しくヘッドスピードを上げるには、ボールのある位置をヘッドが早く、正確に円軌道で通過しなければならない。なのに、無手勝流の無茶振りでヘッドスピードを上げようとしている。結果としてトップからボールの位置までが直線軌道になりがち。これでは上達するわけがない。絶望だ。よく、上手から「フォローでヘッドのビュンという音をさせて」とアドバイスがある。と言って下半身がブレてしまうほどに、腕を、ヘッドを、振ろうとしても意味がない。ヘッドが正しい軌道を走るためには、まず下半身への意識が必要だ。その時、初めて「意味のあるヘッドスピード」が実現する。「出す」のではなく「結果としてヘッドスピードが出てしまう」、そんなスウィング理論を学びたい。

ゴルフで無茶振りほど上達を阻害している要素は他にない。

「ドローボール」

断言してしまう。多くのゴルファーがイメージしている「ドローボール」は「フックボール」だ。正しい「ドローボール」とは近頃で言う「ナチュラルドロー」のこと。大まかに言えばボールの飛距離が200ヤードあって、せいぜい5ヤードほど左に曲がる程度がドロー。それ以上ならフックと言える。昭和の時代から「ドロー神話」が日本では蔓延《まんえん》してきた。当時のメディアの記事のせいかもしれないし、誰か有名プロのせいかもしれない。左に曲がるボールが上手なゴルファーのイメージと重ねられた。

話を戻す。「ドローを打ちたい」この欲望によって手首を使ってヘッドを捏《こ》ねる、無理矢理ヘッドを返す、引っ掛ける、を覚えてしまう。後ほど詳しく述べるが「ボールを捕まえる」のはヘッドを返すのではなく、ヘッドの通過する軌道で捕まえるのが正しい。フェイス面を手首で「返す」「捏ねる」ことでボールを捕まえる技術はインテンショナル（意図的な行為）だ。ゴルフの上達を妨げる単語はこの3つだけではないけど……。間違いなくこれらが代表格だ。

アマチュアゴルファーへ……
アマチュアゴルファーだから

言葉で他人に何かを伝達するのは難しい。それでなくとも、日本人は「物事を分かりやすく他人に伝える」ことを不得意としている。なぜか。島国で他民族間の衝突も、折衝も少ないので、「夫婦は空気のような……」などとわけの分からないことがまかり通っている。つまり、言葉のやりとりを大事にしない、あるいは不得手なのだ。その中でも単純であるからこそ、難解なスウィングを言葉の修練もしていないプロゴルファーや上手が、一般人にゴルフを伝授する……。

わずか15分のYouTubeではひたすら誤解を生むばかりになる。その誤解が「果てしない悩みの沼」にゴルファーを沈めてしまう。悲劇だ！

このポーズを目標にしてフィニッシュを迎えたい

円軌道による振り子運動によって加速したクラブが首に巻き付くようにしてフィニッシュ！　身体の柔軟性の失われがちなアマチュアであっても目標にしたい「運動」の結果としての理想の姿。間柄両真プロ（嵐山カントリークラブ所属）。

あなたのフィニッシュは？

前ページの写真で、彼はフィニッシュでシャフトが首の後ろに巻き付いている。まずはこの写真を脳裏に焼き付けてほしい。通常のスウィングではフィニッシュではこのポーズになるのが理想。この写真が何を示しているのか？　それは「加速するスウィング」だ。トップから加速したヘッドは「慣性」に従って走り、結果としてシャフトが首の後ろに巻き付く。と同時に、フォローで両腕は確実に「脱力」している。だから勢いよくクラブは首の後ろ近くまで来てしまう。この「脱力できるスウィング」そして最後まで「加速するスウィング」。ボールにヘッドが衝突する瞬間だけに力を込めようとするスウィングでは「加速」はできない。力の使い方、そしてスウィングの何たるか？　それをこの写真はよく表している。とても大切なイメージとなる。

Part 3

なぜ、ゴルフが上達できないのか、もう一つの理由

一つの単語

あなたは「一つの単語」を追いかけながら練習してはいないか？　その単語はスウィングの「ある部分」だけを言い表していないか？　そこだ。考えてみればゴルフスウィングは連続運動。テイクバックからフィニッシュまで、手からクラブが離れることはないし、途中で止まることもない。なのに、練習時に意識している言葉は、スウィングの途中のピンポイントを意識させる単語である場合が多い。「ダウンでシャフトを立てる」「右肘の位置」「腰でクラブを引っ張る」「右肩が出ないように」「頭の位置の確認」「重心位置」「右手首の角度の維持」「フォローへシャフトを走らせる」「下半身リード」「体重移動のタイミング」「ボールの先をよく見て」……と、いろいろあって最後にいつもの「ヘッドアップしない」に行き着く。

それらピンポイントを意識させている「単語」の全てが、結果として滑らかなスウィング運動の邪魔になっている場合が多い。雑誌、本、YouTube、レッスンプロ、上手からのアドバイス。残念ながらこれらの厚意的なアドバイスがかえって「混乱」「ミスの助長」「身体の硬直」を引き起こしている。肝心なことはスウィングの初動から、フィニッシュまで連続した動きの「一連の流れ」を「理屈」として理解し、習得することなのに……。

ゴルフは確かに難しい。運動としては単純であるがゆえに複雑。その上、相手の小さなボールを遥か遠くのグリーンに着弾させたい。その距離から受けるプレッシャーと4センチというサイズを相手にしなければならない「精度」の落差こそがゴルフの難しさの主因なのだ。4センチと200ヤード……。だから難しい。

この本では「単純な真理」「スウィング運動の本質」を理解し、「流れる運動」としてスウィングを捉えることを目指している。私は以前「ゴルフはダンスに似ている」と評した。おそらく正しい。友人は「私はダンスが下手だ、だからゴルフは上達しない」と結論づけた。この解答は正しいようで、実は間違っている。理由はこうだ。ゴルフにはダンス音楽のようなリズムの変化はないし、動きの展開もない。至って単純。ほぼアプローチからドライバーまで同じ身体の使い方をすれば良い。つまり基本的な運動としては「同じことの繰り返し」でしかない。だから、ダンスが下手でもなんとかなりそうだ、と。この本を精読（一部でも可）していただきたい。間違いなく、目から鱗《うろこ》の「発見」があるはず。「スウィングの運動を理屈」で理解し、反復する。このことによって自らが自らのスウィングを修正できるようにもなる。そのはずだ。前に申し上げたが、まずは飛距離を捨てて、インパクトを忘れて、スムーズな身体全体を使った「流れるようなスウィング」でボールを運ぶスウィングを目指してほしい。スコア、ハンディキャップも、理解を深めれば必ずや、望む数字ができてくるはず。「ボールを叩かずに、目標に運ぶ」、これを心掛けられれば。

Part 4

「単純こそが応用力に富んでいる」

アマチュアだからこそ、シンプルで完成度の高い「理論」を持つべきだ。

バラバラとした知識、情報など要らない。完成度の高い理論ひとつを深く理解、そして修練するのが上達の早道。このシンプルで精度の高い理論は想像力にも満ちている。左足下がり、前上がり、少し芝に埋まったボール、など。いろいろな状況でも「だったらこうしよう」とアイデアが生まれる。そんな適応力、想像力のある「シンプルな理論」を持っていれば幾度かの失敗の経験の中で解決への技法が生まれてくる。

もう1点。私たちアマチュアは、さほど練習時間が取れず、さらに身体的にさほど恵まれてはいない。だからこそ、小さな力を無駄にすることなく、正確にボールにエネルギーを伝えなければならない。必要なのは無駄な、断片的な知識ではなく「ひとつの完結した理論」だけなのだ。

「単純こそが応用力に富んでいる」、これこそがゴルフを合理的に修練、上達する上で必要な絶対条件だと私は考えている。無駄を徹底的に省いた「単純な技術」こそ、あらゆる状況（バンカー、アプローチ、複雑なライ、そしてドライバーまで）でいつでも迷わずに使える。そんなアイデア。けっして魔法ではなく、理論を。最後に加えたいのが「想像力」だ。シンプルな理論が映像化され理解されていれば、どんな状況になっても単純だからこその応用力（創造性）が働き、必ず「解決策」が見つかるはず。と言っても、各個人の身体的な能力差（特に柔軟性が問題になる）もあるので、そのためのいくつかの対応策も記すことにした。現実的には年間ラウンド数が20回を超える日本のアクティブゴルファーの大半はシニア。となれば身体的な問題もある。また、本の後半ではスコアメイクのためのマネージメントプランも加えた。少ない練習時間で、けっして恵まれていない体力のアマチュアが、満足とは言えないかもしれないが、なんとか「次への期待のできるスコア」でラウンドできれば……。明日のラウンドが楽しみになってくる。そんなゴルフを。

もう一度繰り返す。「単純こそが応用力に富んでいる」。否、「単純だからこそ創造力は生まれる」。

個性的でも理屈に整合性があればオッケー！

「自分なりのスウィング」を作る。もちろん身体つきも、身体能力も大きな差がある。30歳と70歳では柔軟性、筋力、すべての運動能力に差がある。それ以前に個人差もある。ゴルフを始める前の運動経験の有無もある。スキーをやっていた人ならバランス能力があり、空手や武道の経験者なら瞬発力に優れている。その身体能力の差異を理解した上で自らのスウィングを作り上げる。何が言いたいのか？　見た目には我流であっても「理論的な整合性」が必要。つまり、個性的であっても理屈があれば良いのだ。空を飛ぶゴルフボールを見て私は「理屈が空を飛ぶ」と書いた。空中での飛球線は理屈の塊。なので、どんなに奇妙なスウィングでも、理屈に適っていれば「良し」なのだ。ただし、肝心なのは「スウィングの全体像」だと思う。点ではなく、スウィング全体の理屈（理論）を考えて身体を動かす。具体的な目標としてはハンディキャップインデックスで7以下が理想。しかし現実的には12あたりなら十分にラウンドが楽しいはず。

「ゴルフ感染症」について

グリーン脇の逆目の芝にボールがある。どうやって打てば良いのか？　友人は「それは『突っつき』だよ」と言って、短くテイクバックしてボール前の芝にヘッドを強く当てた。つまり芝を「突っついた」。それを彼は「突っつき」と表現した。事実、ボールは低く出てさほどカップには近づきはしなかったものの逆目の芝からは脱出してカップから3メートルほどのグリーン上に止まった。パットは入らずにそのホールはボギー。それから彼のスウィングは乱れた。テイクバックがほんの少し速くなり、そのお陰で軌道からヘッドはズレた。結果ボールは曲がり、飛距離も落ちた。するとなおさら彼のスウィングスピードは速くなり乱れた。原因はあの「突っつき」だと私は思った。あの「技法」は対症療法としては正しいのかもしれないが、スウィングのリズムを壊す「感染症」だったのだ。私はあらゆる状況をできる限り単純な理論で解決していくほうがアマチュアには相応しいと思っている。同様にバンカーショットで感染症に罹る人も多い。砂をへッドで叩くことによってスウィングリズムが壊れる。

もっともよくある「感染症」は飛距離のある、スウィングスピードのある同伴者とのラウンドだ。間違いなく「私も負けない」と無意識の中で影響を受け、否、時には意識的に「もっと速く振りたい」と思い、自らが、自らのスウィングを破壊してしまう。つまり「無茶振り症候群」への罹患だ。この飛距離へのコンプレックスほど「感染」しやすいものはない。なかでも強いインパクトでボールをヒットするプレーヤーと同伴すると感染するリスクは高くなる。特に男性のゴルファーはほぼ感染する。ヘッドスピードのある飛ばし屋と同伴しても、そのスウィングに影響されずに自らのタイミングとスウィングスピードを守って18ホールを最後までラウンドできたとしたら、そのゴルファーは間違いなく本物の「上手」。ゴルフ感染症に罹患しないゴルフ、それが理想だ。ただ、残念なことに、そのレベルのゴルファーを私は数人しか知らない。それほどに「ゴルフ感染症」は怖い。時には感染から不治の病に罹る人もいる。

Chapter 2

理論編

完全振り子理論とは何か

Part 1

ゴルフには2つの振り子運動しかない

一つはパッティングの「振り子」
もう一つがスウィングの「振り子」

　まずはパッティングの振り子は後回しにして、スウィングの話から始める。公園のブランコを思い出す。初動は足を前後にゆっくりと動かし、静かに振り子運動を起こす。その時、けっして急ぎ過ぎず、スムーズに、座面が揺れるリズムを感じながら、ゆっくりと漕ぎ出す……。一度スタートした振り子運動は次第に大きく加速し、ブランコは地面と平行になるほどに高く、そこから勢いよく降下する。頭の中に浮かぶ画像をゴルフスウィングのイメージに重ねてみる。適度な高さから加速しながら降りてくるブランコ。そのブランコの座面がクラブのヘッド。それがスウィング。足を使ってトップまで漕ぐところがテイクバック。そこから無駄な力みもなく降下。鎖の繋がっている場所こそ「軸」。まず基本の要点は「軸」があること。貴方のスウィングに「軸はありますか？」……。さて、「軸」とは自分の身体の中のどこなのか？

最初はゆっくりと徐々に加速する

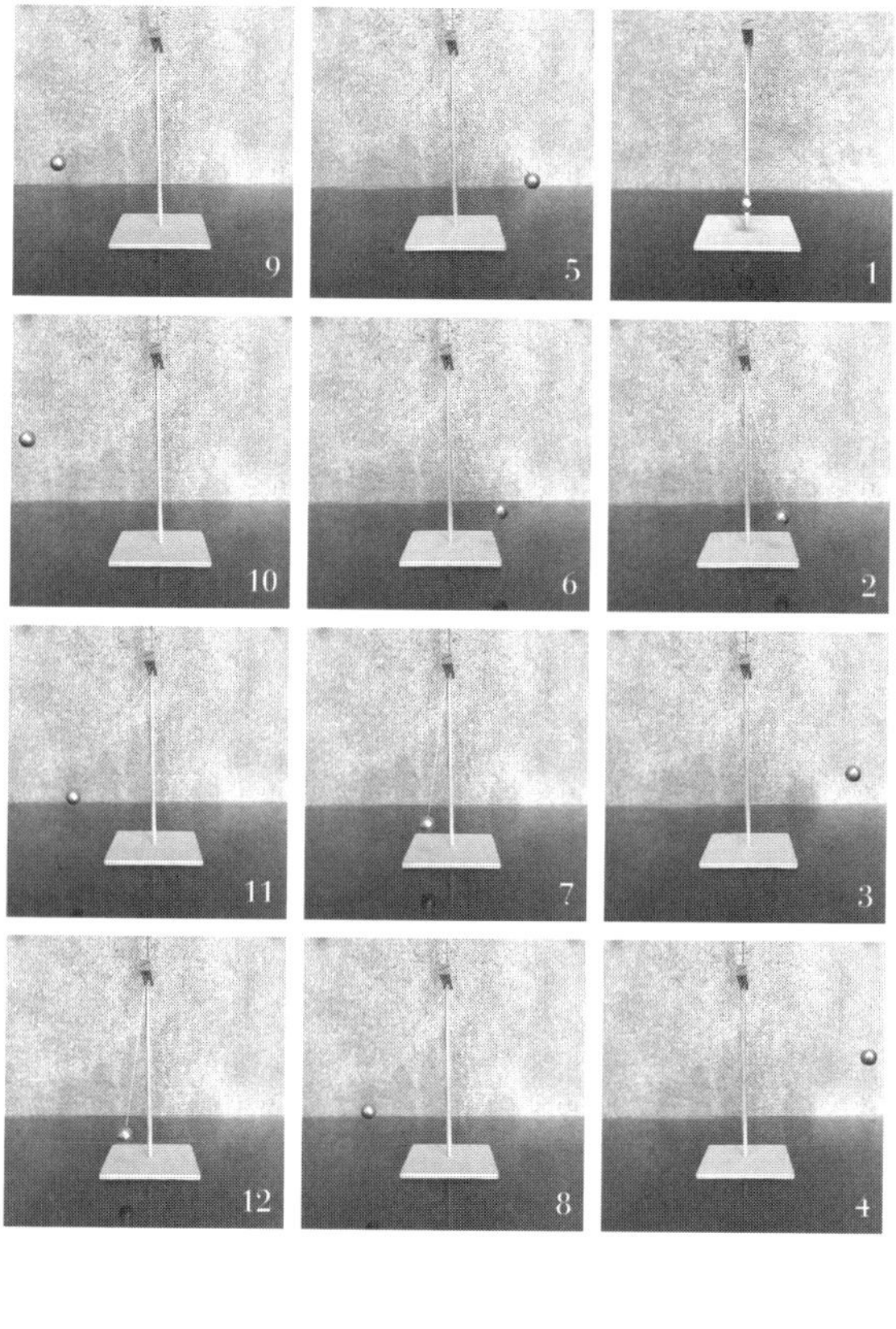

こんな模型を見せられても、何も分からない！

ブランコの話の次に模型の球が左右に振れている画像を見せられて、ここにゴルフスウィングの本質があると言われても、理解しがたいのも当然。ゴルフスウィングに置き換えて、この紐は何か？　木製の支柱は身体のどこか？　と疑問が湧くばかりだろう。この「分からない」がゴルフの難しさを表現している。

前ページの写真を繋げながら、左右に振れるボールをゴルフのクラブ、そしてヘッドとして動画イメージに変換してほしい。最初はゆっくりと、徐々に加速する。左右に大きく振れるヘッド（ボール）。この時の振り子運動をスローモーションで頭の中に描くと分かりやすいはず。テイクバック側でゆっくりと振り上げられたヘッド（ボール）はダウンスウィングへ。徐々に加速するヘッド。ヘッドはスピードを上げ、最下点を過ぎてから最大スピードに。ダウンから加速したヘッドが「ビューン」と最後は音を立てて振れる……。

振り子からゴルフのスウィングにイメージを変換するには画像をスローモーシ

ョンにして頭の中に描くとディティールが、瞬間の力感が、感じられてくる、そして見えてくるはず。その時の支持棒となる、つまり紐の結ばれているところがプレーヤーの「軸」。その肝心な「軸」はプレーヤーの上半身。その上半身は地面に対して少し傾斜している。その傾斜を維持しているのが前傾姿勢。その傾斜した上半身を軸にして、振り子運動を自らの肉体を使って、静かに、ゆっくりと捻転し、必要で充分なトップから、スムーズに身体を捻り戻し、身体の回転と同時に腕もシャフトもヘッドも加速する。その過程でヘッドはボールを乗せて、目的の距離と方向性に合わせたボールはターゲット目掛けて飛び、ボールは着地する。この理論に裏打ちされた技術はアプローチから、アイアン、そしてフェアウェイウッド、ドライバーまで狂いなくターゲットにボールを運んでくれる。まさに魔法のような技術。と言われても「難解」。そこは徐々に解かれていくので、多少の我慢を持って読み進んでいただきたい。

動画に変換して理解する？

もう一度、木製支柱から垂れた振り子写真に戻る。「どこがゴルフと繋がるのか？」と思うのが自然。しかし、スウィングの秘密（真理）がこの画像に隠されている。振り子は左右に運動する。先端に重りがあるから。だから円軌道を狂いなく「描く」。もしも、ゴルフスウィングでこの狂いのない円軌道を、ヘッドで描くことができれば、必ずヘッドはボールのある場所を通過し、ボールを瞬間で捉えて、ターゲットに運ぶことが可能となるはず。振り子とゴルフスウィング運動と、いかにしたら理屈とイメージが繋がり、頭で理解され、自らの身体で表現できるのか？

まずはこの振り子の動きを注視し、映像として頭に焼き付けてほしい。スローモーションで理解すると、より分かりやすくなる。軸を中心にして「揺さぶられる」、あるいは「揺れる振り子」を動画として頭の中に焼き付けてもらう。

ブラン、ブランからビューンへ いかにして「無駄な力」を省くのか？

もう一度、公園にあるブランコを思い出す。鎖の下に設置された木製の座面に人は乗る。最初は足で漕ぎ、次第に加速し始めるブランコ。座面が上昇し、限界となる頂点から一気に反動で落下するように加速する。しかし、座面はしっかりとした鎖で繋がれているために正確な円軌道を描く。このブランコにおける座面がクラブのヘッドであり、鎖が腕であり、シャフト。実際、ブランコでも無駄な力で強引に漕ごうとすると、ブランコの振り子はかえって暴れて、鎖は撓み、座面は円軌道から外れてしまう。同様なことがゴルフスウィングでも起きる。多くのゴルファーは「無駄な力」によってスウィングの合理性を壊してしまっているようだ。

なんとか「ブラン、ブランからビューンへ」を実現したい。つまり、それは「スムーズなスウィング」を完成させたい、と同義だ。なのに、ティーインググランドに立ち、遠くにあるグリーンを見て、ヤーデイジの数字を見る。すると、それまで冷静であったプレーヤー氏は突如、無茶振りスウィンガーに変身してしまう。

ゴルフにおいては「阻害する力」「無駄な力」を取り除くことは何よりも必要だ。しかし、この病変を除去するには「理論でゴルフを覚える」しかないようだ。それも「断片」の寄せ集めの理論ではなく、理路整然とした理論でなければ……。

Part 2

「とても大事な意識」身体を2つのパーツに分けて認識する

いつでも上と下を区別する

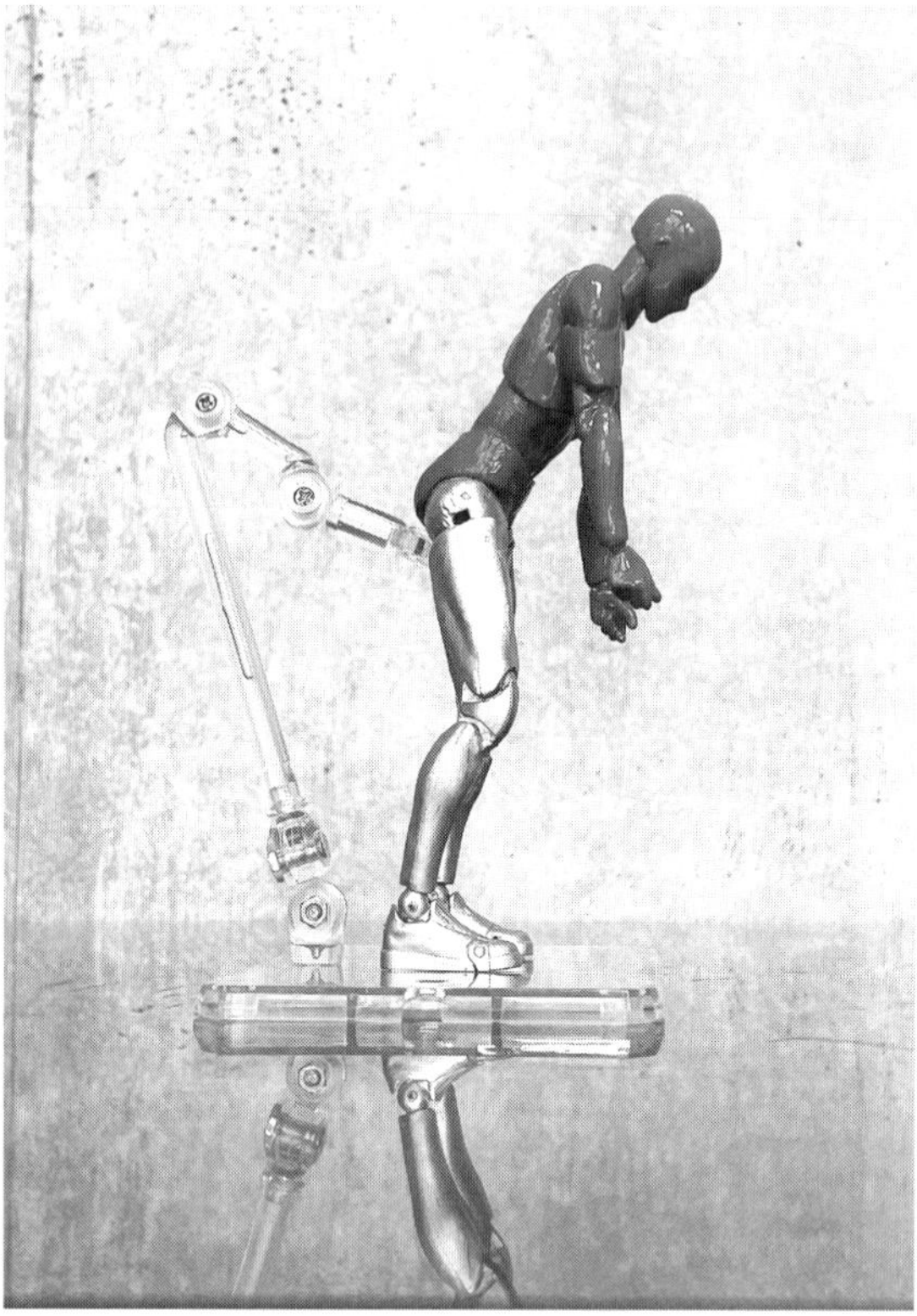

「下半身」と「上半身」

前ページの写真では、下半身と上半身が分かれている。この画像を是非とも脳裏に焼き付けていただきたい。ゴルフを上達するためには、この画像のように「上」と「下」を分けて意識することが重要。残念ながら多くのアマチュアゴルファーは「いつも曖昧《あいまい》に立っている」。

もう少し具体的に説明する。この身体を「上」と「下」に分けているのが「鼠《そ》蹊《けい》部」「股関節」。つまり、リンパ節のある部分、左右の骨盤の少し下。大腿骨を受ける骨盤のソケットのある部分。そこをしっかりと意識して、身体を折る。軽くお尻を突き出し、少し出っ尻な感じ。これで、身体が折り曲げられ、意識として「上」と「下」になれる。この身体の意識、そこからスウィングは全て始まる、と言っても過言ではない。多くのゴルファーは上も下もなく、適当に立っている。そして適当に膝を曲げている。適当に前傾したつもりにしている。もちろん意識として多少は前屈しているのであろうが、明快でない。結論から申し上げれば、それではボールは目標には飛ばない。理由は「スウィングの軌道」が毎回微妙に変わってしまうからだ。ゴルフでは身体の基礎となる「スタンス」がとても大事。そのスタンスはこの「身体を2つのパーツに分けて意識する」ことから始まるのだ。でなければ「始まらない」。結果として放たれるボールは思いも寄らない飛球線を描き、結果、ゴルフに泣かされてばかりとなる。残念なのだが……。

次に支柱となる身体について話を進める。上半身と下半身に身体を分離して認識できたとする。これは振り子運動でスウィングを作るためには欠かせない基本中の基本。「上半身が『軸』」。「下半身はその軸を支える土台」となる。もちろん多くのゴルファーは「知っている」と嘯《うそぶ》くかもしれない。だけど多くの人は「忘れている」「できていない」、あるいは「肝心なことだと思っていない」。身体の分離を意識し、正確に前傾角度を維持する。ここで「軸となる上半身」と「支えとなる下半身」の役目を明快に意識することによって初めて「スウィングの理屈」が理解でき、また合理的なスウィングが実現される。土台の緩んだ場所に置かれた大砲がどんなに威力のあるものであっても、曖昧な軸と土台ではターゲットをヒットすることはできないのだ。

再確認「身体の軸」とはどこか？

クドいようだが……。この鼠蹊部から体を折るができて、「下半身」が意識されれば、自然と上半身が意識される。繰り返すが、この上半身が「スウィングの軸」になり、下半身は支える「土台」となる。これで振り子運動の支点、つまり模型の木製の支柱から垂れた糸の結ばれている場所、「スウィングの軸」が認識される。

土台となる下半身。そして「連動」

その「土台」は静かにしっかりと、ただ立っているわけではない。「土台」「軸」「振り子」という3つの要素がそれぞれの運動を担当しながらも「連動」しているのがゴルフスウィング。それぞれのパーツが独立した動き（機能）をしながら、それらが「連動」する。そこがゴルフの少しだけ難しくなる要素になる。ゴルフスウィングを学ぶ、理解する……ためには各部の役割を理解しつつ、「連動」について覚える必要もある。各所はそれぞれの機能を持ちつつ全身運動として「連動」してフィニッシュを迎える。結果、ボールはターゲットへ飛ぶ。これぞゴルフの醍醐味。

もうひとつの視点「丹田」。ちょうど臍の下あたり

下半身を意識するには「ちょっと出っ尻」が欠かせない、と書いた。これはとても大切。お尻を強く意識できれば、臍《へそ》の下の丹田《たんでん》も感じられる。この「丹田」は武道でよく使われる表現だが、ゴルフでも肝心となる。下腹部を意識して「立つ」。これだ。まずは鼠蹊部から身体を折り、身体を2つのパーツに分けて感じられれば、「軸」が感じられると同時に、軸の回転についても理解が深まる。アメリカで活躍している畑岡奈紗プロがたまにティーインググラウンドで上下に飛び跳ねている姿を見ることがある。これは身体の芯「軸」「丹田」「足裏の感覚」

を自らに感じさせるためでもあると言う。しっかりとした下半身なくして、正確で合理的なスウィング軌道は描けない。

「足裏から土中に杭が刺さっているような」

そんな意識が必要だ、と以前私は書いている。台座のない大砲の弾はどこに飛んでいくか分からない。確かにそうだ。不安定な土台、それが多くのアマチュアの姿だ。台座を安定させてこそ、大砲（小銃でも）の弾は砲手の意に沿い目標に当たることができる。

下半身からスウィングを作る

落ち着いた下半身。しっかりとした台座は「正確な円軌道」を実現する。これから詳述する理論を具現化するにはどうしても大切なのが下半身となる。なのに、遠い目標となるグリーンを見て、ヤーデージの数字を頭に入れた瞬間に下半身への意識は薄くなり、上半身の腕力に頼った「無茶振りオヤジ」が登場してしまう。多くのゴルファーが、時に私も。

上半身の力でゴルフはしてはいけない！とは言わない。ただし上半身の力を余すところなく使うには下半身が大切となる。その力の使い方だ。台座の上の上半身はリラックスして、しなやかに身体を使いたい。まさに上半身は「撓《たわ》んで」「捻れ」、そこから解放されながら加速していくのがゴルフの理想のスウィングになる。無駄を省いて加速するスウィングを目指す。

腰も身体もターゲット方向に

プロのスウィング。要点はけっしてシャフトが地面と平行になることのない「小さなトップ」。しかし肩、肩甲骨は充分な捻転が完了。そこから腰の回転によって腕、クラブによって構成されている三角形がほぼ固定されたままに加速。まさに緩みのない「振り子運動」が完成している。間柄両真プロ。

下半身のリード

前ページの写真でもっとも大切なポイントはヘッドがボールにコンタクトする瞬間には腰も身体もほぼターゲット方向に向いている。ここだ。つまり、徹底的にクラブを身体全体の回転で引っ張り、そして円軌道に沿ってヘッドは慣性に従って走り、結果としてヘッドはボールを捉えている……。ここなのだ！　つまり、テイクバックからフィニッシュまで淀むことなく加速し、フィニッシュを迎える。これがゴルフにおける「完全なる振り子運動」。詳しくは後述するが、もっとも肝心な部分はダウンの途中からヘッドがボールにコンタクトする直前の約50センチほどだ。ほぼ95％のゴルファーは我慢できずに円軌道に沿って走ろうとするヘッドの「慣性」を止めて、右手が、右腕が伸びる。つまり「打ちに行く」のだ。この瞬間に「加速」は止まり、「手打ち」になる。折角の「慣性に乗って加速するエネルギー」が台なしになり、腕力に頼ったスウィングとなる。なので「飛ばない」「曲がる」、あるいは「ダフる」「トップする」のだ。では、どうすれば「振り子」を作れるのか？　どうしたら「遠心力」を最後まで使えるのか？　どうしたら「完全な円軌道」を実現できるのか？　それをこれから細かく説明していく。

「慣性」って？

「慣性」とは？　を調べてみると「ある物体が外力を受けないとき、その物体の運動状態は変わらないという性質を表す。惰性ともいう」と、ある。ゴルフではヘッドの重みで描かれる円軌道。その動きこそが慣性運動となる。つまりゴルフスウィングにおいては、慣性の邪魔をせずにいかに加速をさせていくか？　そこがスウィングの要点となる。この「邪魔をしない」動きこそが「振り子」なのだ。正確な円軌道をヘッドが移動し、加速していく。そのための合理的な運動が「振り子運動」になる。

「引っ張る」「捻り戻す」

トップからは捻り戻される。つまり捻られてトップまで行ったクラブ、シャフト、そして頭の後ろのほうにあったグリップを身体全体を使って「引っ張る」のだ。「そんなことは知っている」と怒られそうだが、手上げになり、捻転が不十分なスウィングでは引っ張ることとさえできない。肝心なのは「余計な動きが入っていないか」。そこだ。

早くヘッドを動かしたい その動きが全て「ズレ」を生む

実は身体を捻ることがそもそも難しい。多くのゴルファーのテイクバックでは身体より先に手が、腕が動く。その時にヘッドを早く動かしたい。その一瞬でも「手上げ」の動きが入ってしまったら、「身体は捻れていない」のだ。と、同時に「ズレ」が生まれてしまう。

「ズレ」とは何を指し示しているのか?

身体（軸）とフェイス（ヘッド）の動きが同調しているのが理想だとすれば、

軸よりも早くヘッドが動いて（移動して）しまうのが「ズレ」だ。この「ズレ」がなんで不味《まず》いのか？と疑問が湧く。答えは簡単。「飛球をコントロールしにくくなる」つまり「飛球が不安定になる」からだ。理想は軸とヘッドが同調して回転し（捻り上げられて）トップへ行き、そこからダウンスウィングでも同調し、加速され、ヘッドはボールのある場所を通過し、同時にフェイスはボールを乗せて飛ばす。このスウィングでは無駄な（インテンショナルな場合を除いて）サイドスピンが掛からないので、ほぼ狙ったターゲットにボールを運ぶことが可能となる。

考えてみてほしい。相手は直径4センチの小さなボール。なのに手先の「ズレ」は簡単に10センチにはなる。よくあるのは「フェイスを開く」。つまりターンしてしまうのだ。タイミングのズレだけでなく、フェイスも開いてしまったらボールがターゲットに飛ぶはずもなくなる。手と腕と肋骨、肩甲骨、身体と腕が一体となって捻り、テイクバックする。言葉にすれば簡単そうでも実際はとても難しい。腕ばかりを動かすのではなく、身体（上半身を主に）全体を捻らなければばならない。なのに「そこにボールがある」「遠くへ飛ばしたい」という欲望が力みや、手上げ、手打ちを助長し、結果としてあらゆるミスを生む。ゴルフは理屈。理屈を理解し、映像化し、身体で覚える。染み込ませる。そのために「猛練習」ではなく、「その前にお勉強」。無駄な練習など必要ない。考えるゴルフだ。

グリップは強く握っていい？

これからも何度か書くことになりそうだが……。「グリップはどの程度に握るのが正しいのか？」この質問だ。これに正解はない。残念ながら。ただ、確かに強く握れば自然と肩にも力が入って、腕や手に意識が移る。状況によっても違ってくる。強いラフの逆目なら強めに握るのが必然。ただし、次のショットでは多少素振りをして、いつもの感覚を取り戻しておく必要もある。話を戻して「テイクバック時のグリップ」はフェイス面が崩れない程度ではあるが、少しだけ軽めに握り、むしろ、肩や肩甲骨を意識しておいたほうが、下半身を土台として、軸となる「赤い部分」の上半身の捻転はスムーズに狂いなく行われるはずだ。

Chapter 3

肝心要編

これがゴルフスウィングだ

Part 1

決定的真実
「ヘッドはボールにコンタクトするまでけっして私を追い抜かない！」

吉田優利の腰の回転に学ぶ

吉田優利のティーショット

決定的瞬間の教え

吉田優利プロのスウィングを後方から撮影した写真。ここで注目したいのは腰の回転とヘッドの位置。ヘッドからほんの少しボールは空中に放たれているが、この瞬間腰は完全にターゲット方向まで回転している。つまり「ヘッドは腰の回転より遅れてくる」のだ。前述の「振り子」の理論から言えば当然のこと。軸（赤い上半身）の回転から遅れて腕、シャフト、グリップ、ヘッドは「後からついてくる」のだ。それで初めて「振り子運動」になる。吉田優利プロの写真はまさにそれを指し示している。

「ヘッドがボールにコンタクトするまで、けっして私を追い抜かない！」

と、書くと「私にはできない」「そんなに身体は柔らかくない」と拒否反応が予想される。肝心なのは「力学」。腰がこれほどにキレていなくとも、運動として最後までクラブを、シャフトを、引っ張り続けていれば同様の効果は生まれる。どこまでも「クラブを引っ張る力」でボールをヘッドに乗せてターゲットへ運ぶ。具体的技術（アイデア）については後ほど繰り返し説明する。

我慢できずに「打ちに行く」

ダウンスウィングの途中まではなんとか「腰の回転で打とう」と考えて、我慢をしているのが、途中で「そこにあるボール」を打ちに行ってしまう。「だってそこにボールがあるのに、なぜ打ってはいけないのか？」と疑問の声が聞こえてきそうだ。しかし、その「我慢」がゴルフの難しさのようだ。我慢できずにボールを打ちに行くことによって「シャフトの撓《しな》り」を使って飛ばすという「スウィングの本質」の力学が失われてしまう。確かに吉田プロのようには柔らかく腰の回転を使うのが難しいからといって「力任せなスウィング」では、いつになっても悲しい結果から逃げられないのだ。

クラブは引っ張る

トップからダウンスウィングに入る。そこで円軌道を狂わせないようにするには「最後までクラブを引っ張り下ろす」。すると慣性に従ってヘッドはあるべき軌道を走る。

と、考えればどこまでもクラブは身体の回転で引っ張る、するとダウンスウィングの途中からヘッドは加速し始めて、シャフトは撓り、ボールはヘッドに乗って目的の場所にサイドスピンは掛からずに飛ぶ。だからけっして途中、腕で、手で、「打ちに行ってはいけない！」のだ。

あくまでもクラブを身体の回転で引っ張る。そのための下半身の動き、処理については各個人の個性、工夫によってスウィングを作るしかない。見た目はともかく力学として合理的であることが肝心となる。

これは「小さな革命」だ！

「けっしてヘッドは私（プレーヤー）を追い抜かない」、これが深く理解されるとゴルフに革命が起きる。具体的に言えば、「加速したままヘッドがボールにコンタクトすることができてくる」。「シャフトが使えるスウィングの実現」が可能になる。多くのゴルファー（日本のプロも含めて）はダウンスウィングの途中から腕を、手を使ってしまう。それでも確かに球は飛ぶ。それも遠くまで飛ぶ人もいる。

しかし、今、下半身の使い方にゴルフの世界で小さな革命が起きている。完全に下半身のリードで回転運動が起き、上半身とクラブは完全に遅れてくる。「慣性の邪魔」を腕や手にさせることなく、スウィングはフィニッシュを迎える。つまり「傾斜した支柱」である上半身を軸にした「振り子運動」によってスウィングが完成している。このスウィング理論を学習し、実践した日本の女子プロが世界で活躍できるようになり、洗練されたスウィングを持つ男子プロは楽々と30

0ヤードを越えるドライブを、球筋をコントロールしながら達成している。それは力（腕力）だけに頼ることなく、より合理的でしなやかなスウィングを実現できてきたからだ。

新たな視点

この視点であらためて女子プロ（日本勢、そして韓国勢、そしてタイ勢）たちのスウィングを注視してほしい。彼女たちは間違いなく、腰の回転の後からクラブがついてきている。シャフトは撓り、ボールをヘッドに乗せて「飛ばす」と言うより、「乗せて運ぶ」スウィング。ボールを叩かずに静かに優しく運ぶ感覚。参考になる。唯一の例外はレキシー・トンプソンだ。彼女はフォロースウィングがなく、ただヘッドをボールにぶっつけている。だからなのか、手首の故障が続くと同時に成績も低迷し、残念なことに引退を表明。と同時に、結婚を発表した。

「脱力」これも肝となる

「身体が硬い、だからできない」が定番のシニアの答えだ。もちろん若き女子プロのようにはいかない。確かに身体は硬くなっている。それをなんとか日々のストレッチで柔らかくする。これは欠かせない。その程度の努力はやるしかない。もう何点かある。ひとつは「脱力」だ。ダウンスウィングからフォローにかけて「適度に脱力」する。するとヘッドは重みで軌道を慣性に従って走る。吉田プロの写真ほどに腰を回転させなくとも。ヘッドは自らの意志に乗って走る。実際には腰はターゲット方向には向かないけれど、脱力によって走ってくれるのだ。それの力の邪魔をしないように、グリッププレッシャーを少し緩めてやる。それだけでも「ヘッドが走る」を実感できる。すると、前述の「フィニッシュでシャフトが首の後ろに巻き付く」に近いスウィングが可能となる。脱力、成りゆきまかせ。これが「クラブに仕事をさせる」ことか？　かもしれない。

小さなトップ

「高いトップ」からクラブを振り下ろす。これも古いスウィングの典型だ。後ほど詳しく記載、説明するが、「小さなトップ」も「クラブを最後まで引っ張るスウィング」を実現するのに必要なアイデアだ。女子プロのような関節の柔軟性がないと嘆かれるのなら、それを言い訳にする前に「小さなトップ」を是非ともアイデアとして試してもらいたい。多少身体が硬くても「小さなトップ」なら可能。トップは高く、大きく、でなければならないという固定観念など捨てて……。

徹底的に身体を回転する

このスウィングはけっしてプロだけのものではない。学習し、多少の修練を繰り返せば年齢に関係なく可能。

身体をクルリと回転させ（具体的な技術については後述）、ヘッドがボールにコンタクトする瞬間、すでに身体は（腰も肩も7割ほど）ターゲット方向に向いてしまっている。あるいは、そんな感じ。大袈裟ではなく、完全にクラブは身体の回転の後からついてくるのだ。この撓《しな》やかな回転運動によってヘッドは加速したまま、その過程（ヘッドの走る軌道）でボールを捉えることになる。

「ヘッドをボールに当てる」のではなく「ヘッドはボールに当たってしまう」のだ

回転運動の途中でヘッドは自然にボールを捉えてしまう。そしてボールはターゲット方向に飛んでいってしまい、結果として狙った場所に落ちてしまうのだ。この感覚と理屈が理解されるとゴルフに革命が起きると同時に飛躍的にスウィングが進化し、洗練され、結果としてハンディキャップインデックスが少しは小さな数字となる。またシニア、グランドシニアゴルファーは年齢を超えてスコアに拘《こだわ》ったゴルフが可能となり、壮年ゴルファーとスクラッチで戦えるようにもなる。

と、言われても私にはできない。そんな声がまた聞こえてくる。写真のような女子プロや身体の柔軟な若者のスウィングを見ると、別次元の話のように思いがちではある。心配要らずだ。さほど身体が柔らかくなくとも、ある年齢を過ぎていても、なんとかなる。そのあたりについては少し先のページで書く。現実に身体の硬い私にもできたし、原稿執筆時の72歳にしてハンディキャップインデックス5・6が実現された。これはひとえに「ヘッドはボールにコンタクトするまでけっして私を追い抜かない！」を理解してからのことだった。この革命を理解するために明快な「軸」の確認などが必要となり、この本では視覚的に理解いただくため模型（人体模型）などを使って伝えようとしている。

まずは飛距離を捨てて、ゆっくり、そしてしっかりと、ヘッドとボールをコンタクトさせる

吉田プロのスウィング画像をハイスピードで実現するなど無理。しかし、ゆっ

くりのスウィングなら可能。まずは「ゆっくり」で「確実なヘッドとボールのコンタクト」を実現する。まさにしなやかスウィングの実現だ。このゆっくりスウィングで身体の部位を意識し、動かしていく順番を記憶していく。

もう一点加筆する。身体の部位を動かしていく順番を覚えるには「ゆっくりスウィング」が効果的だ。いや、それしかない。練習場もティーインググラウンドでも素振りの中で身体の各部位と稼働する順番を明確に意識する。これはとても大切な確認作業（いつでも、いつまでも）となる。それこそラウンド前の朝など、ゆっくりとした動きで各部の動く順番を確認する。徐々に動かすスピードを速くしていく。有効な準備運動となる。

Part 2

『スタック&チルト』の再評価 迷いを解消するための一つのアイデア

なぜこの本が重要だったか

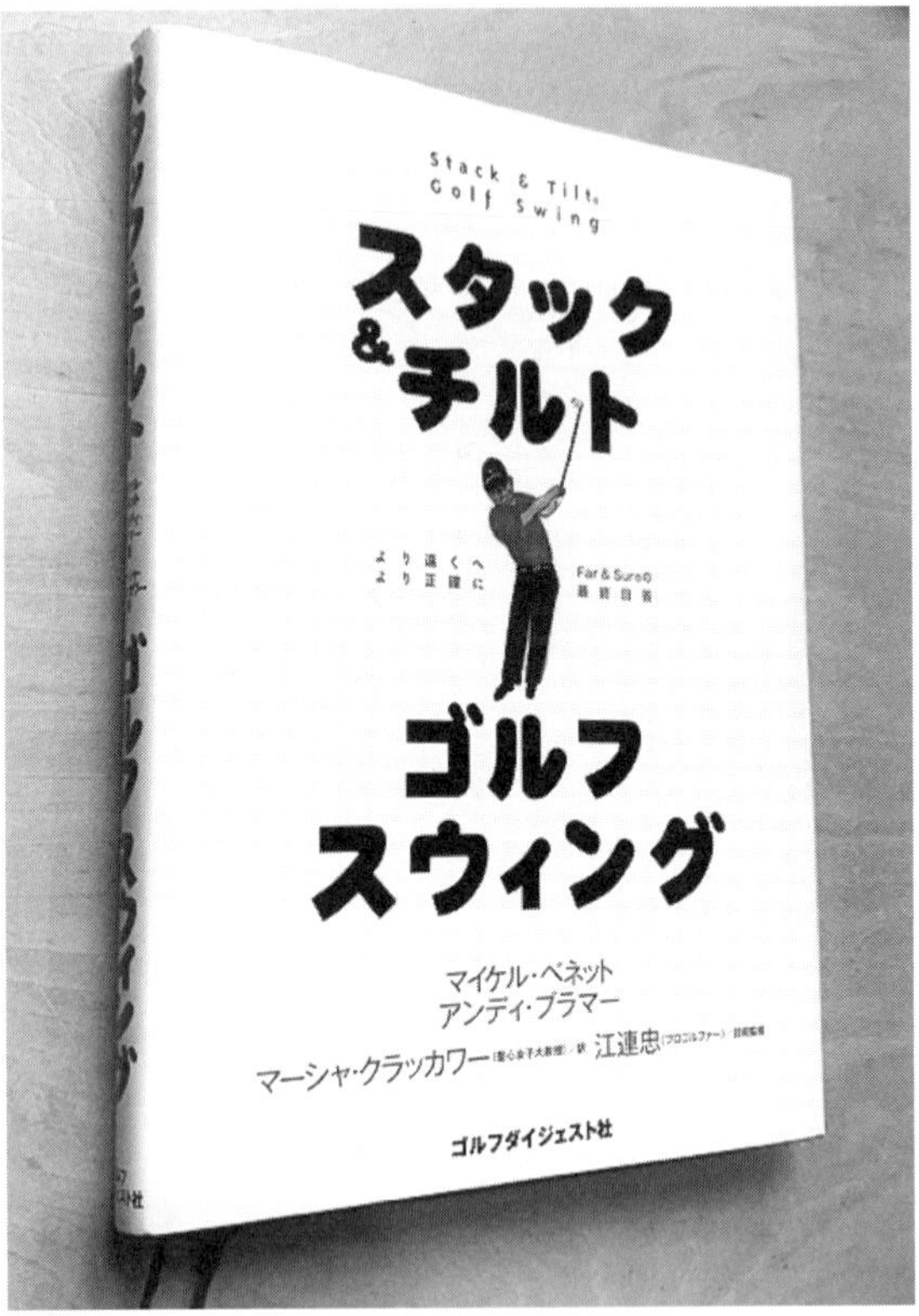

2012年に翻訳され日本で出版されたこの本。さほど評判にはならなかった記憶がある。多少突飛な印象があったのかもしれない。イメージリーダーとなっていたプロのその後の成績が振るわなかったから、かもしれない。

理論はこうだ。テイクバック時に右脚に体重が移るのが一般のゴルフスウィング。それをテイクバック時から左足にほぼ体重を残したままで身体を捻り上げ、左脚体重のままにダウンスウィングに入る。ちょっと不思議な理論。

「100年に一度の大発見」

と私はこの本の理論について思っている。と言っても発売当時は全く理解できずに、確かに「突飛」だと思っていた。それから随分と時間が経過して、最新のスウィング理論が語られるようになり、アメリカの、韓国の、あるいは日本の女子プロの精度の高い方向性と距離感を見せられ、その画像をスローモーションで何度も再生していく中で、気づいた。『スタック&チルト』はゴルフスウィング理論における「大発見かも」と。

人間には脚が2本ある、だからゴルフは難しい

一般的にスウィングでは、一度右脚に体重を移す、当然身体の中心は右に少しズレる。それをまた左に体重を移動する。また当然身体の軸は左にズレる、多少でも。これも至極当然。しかしヘッドでコンタクトしたいボールは直径4センチほどの小ささ。その球体の芯をヘッドで捉えなければならない。そこで、いろいろと人間は想像力を働かせて「細かな技術」を生み出した。編み出した。で、「混乱した」「複雑になった」「技術バリエーションが増えた」……。

それらの技術も一つの正解なのだろうが、それを習得するには多くの練習量と、才能が必要になってくる。なので、「アベレージゴルファー」と言われる多少侮蔑的な呼称で呼ばれるゴルファーは悲しい記憶を舐めてゴルフ場から帰ることになる。時に上手から教えられるテクニックはだいたいが複雑で、難解。とても恵まれないアベレージゴルファーが理解、実行するのは無理。とは言え「スコアを縮めたい」という欲望は捨てきれない。その欲望が時に難解さを助長してし

まう。仕方なく、多くのゴルファーは「どうにかなるさ」あるいは「どうにでもなれ」という運任せの「無茶振りスタイル」に帰着する。けっしてそれを望んでいるわけではないのだが。

アメリカの男子プロや、近頃の日本の女子プロのスウィングを観察していて考えた。彼女たちの、彼らのスウィングには「シンプルな振り子の運動がある」。確かに、「軸」を中心に身体がクルリと回っている。とてもシンプルに。左右（実は前後にも）に身体があまりブレることなく。それは「軸が1本」だからだと思った。そうだ完全な「振り子運動」なのだ。「振り子運動」なら軸は1本。と考えると、この『スタック&チルト』には理屈としての整合性はある。

手首は返すのか?

上手は「手首を返す」。フォローで意識的にグリップをターゲット方向に適度に向けている。それで長くやってきているし、スコアも作れている。しかし、現代の一流プロの画像をチェックしていると、そのような「手首を返す」動きは見られない。先日もシニアの超有名プロは雑談の中でフォローの手首のターンについて語っていた。これは2軸スウィングの弱点（ズレ）を調整、修正するために（2軸では腰は円軌道ではなく、オーバル〈楕円〉状に回転するために自然なヘッドのターンが遅れる）手首を返している、と気がついた。現代のスウィングではヘッドは腰の回転と同調しているので「手首を返す」という動きはインテンショナルなものになる。頭の位置を固定してヘッドのターンを確認すれば事実ターンをしているように見えるのだが、視点を変えて、腰の位置から、あるいは胸の位置から見ると、いつも腰、胸とヘッドは同調している。現代のプロは意図的にはヘッドをターンさせていないのだ。

軸を中心にした振り子理論

テイクバックで一度右脚に体重を移す、そのことによって「ズレ」が生まれると言うのなら「体重を移さなければいいじゃない」と……。『スタック&チルト』の著者（彼ら）は考えたのだ。この本が出版された当時はさほど評判にはならなかった、と書いたが、実際に現在活躍している某若手有名プロ（日本人）も実は実践していた。彼はアマチュア時代、世界ランキングでも上位にいたし、現在もトッププロとして活躍している。その彼も現在のスウィングは、彼なりの進化、昇華を遂げていて、今はスタック&チルトの痕跡は見えにくい。しかし、彼は間違いなく、調子が悪くなった時の帰着点としてスタック&チルトの理論を今も信奉しているはずだ。おそらく、ここ10年弱の間にあの理論を彼なりに成熟させていった、と私は考えている。

先ほど「ヘッドはボールにコンタクトするまでけっして私を追い抜かない！」と書いた。それは身体の柔軟性に欠けるアマチュアにとっては軸を1つにすることによって可能となる理論だった。つまり、誰でもが距離も方向性も、そして合理的にエネルギーをボールに伝える……を実現するために、何より必要な技術の根幹が「軸は1つ」の実践を実現するこの理論にはあった。多少奇妙なこの『スタック&チルト』から実はゴルフスウィングに革命が起きていたのかもしれない。

ドライバーからアプローチまでの精度をあげるため(ダフりを軽減するため)の自分流のスウィングの創造

と、言っても、この技術(『スタック&チルト』)はひとつのヒントでしかない。「やらなければならない」ではなく、自分流を編み出すためのヒント。理想を追い求めつつも、不完全な自分の肉体と環境の制限の中でゴルフを「編み出す」ための素晴らしいきっかけがここにある。スコアメイクに直接関係する短いアプローチなどでの「軸の意識」は確実にスコアを理想に近づけてくれるはずだ。

左右対称の意識

軸があり、ヘッドが円軌道を描くのであれば軌道は左右対称が基本となるはず。しかし、左右対称という意識を持ってスウィング上達に励んでいるゴルファーは少ない。結果としてのボールの飛距離と結果だけを思い描いて、望んでボールを打っている……。つまり、「ボールを強く打ちに行く」「インパクト重視」のゴルファーには左右対称の意識が希薄となる。

肝心なのは「ゆっくり力まずに」肩甲骨、腕、肋骨がきっちりと連動して

テイクバックで大切なのは「連動」だ。腕だけを上げてもダメ。肩甲骨と肋骨、そして腕が、肘が、同時に腰の切り上げと連動して動かなければ何の意味もない。つまり「捻れ」によって力を蓄え、ダウンスウィングに繋げるのだ。この「連動したテイクバック」これがなんとも難しい。ほとんどは「手上げ」になっている。これではダウンスウィングのためのエネルギーが貯まらない。つまりゼンマイが機能しない。よってまた「手上げ」そして「手打ち」となる。これでは飛ばないし、せっかくのシャフトの「撓り」が使えなくなる。では、どうすれば良いのか?

参考にしてもらいたいのが男子プロならコリン・モリカワだ。彼のテイクバックはとてもゆっくりだ。そのトップからのダウンスウィングもあくまでもスムーズ。彼のスウィング画像は良いお手本になる。特別な感覚があるならともかく、一般のアマチュアがしっかりとした捻転の感覚を作るには「ゆっくりのテイクバック」それしかない。それしかできない。その「ゆっくり」がとても難しい。練習しかない。クラブは持たずに。

右肘と右脇が離れないように意識する

テイクバックでまず、最初に意識するのは右肘と右脇腹の同調だ。ピッタリと密着する必要はないが、意識して強く同調させる。すると自然に肋骨が捻られ、その意識こそが前述の赤い塗色の上半身の「軸」となる。ただし注意してほしいのは軌道がフラットになり過ぎることだ。

Part 3

腰の切り上げ技術

矢印の方向に腰の切り上げ

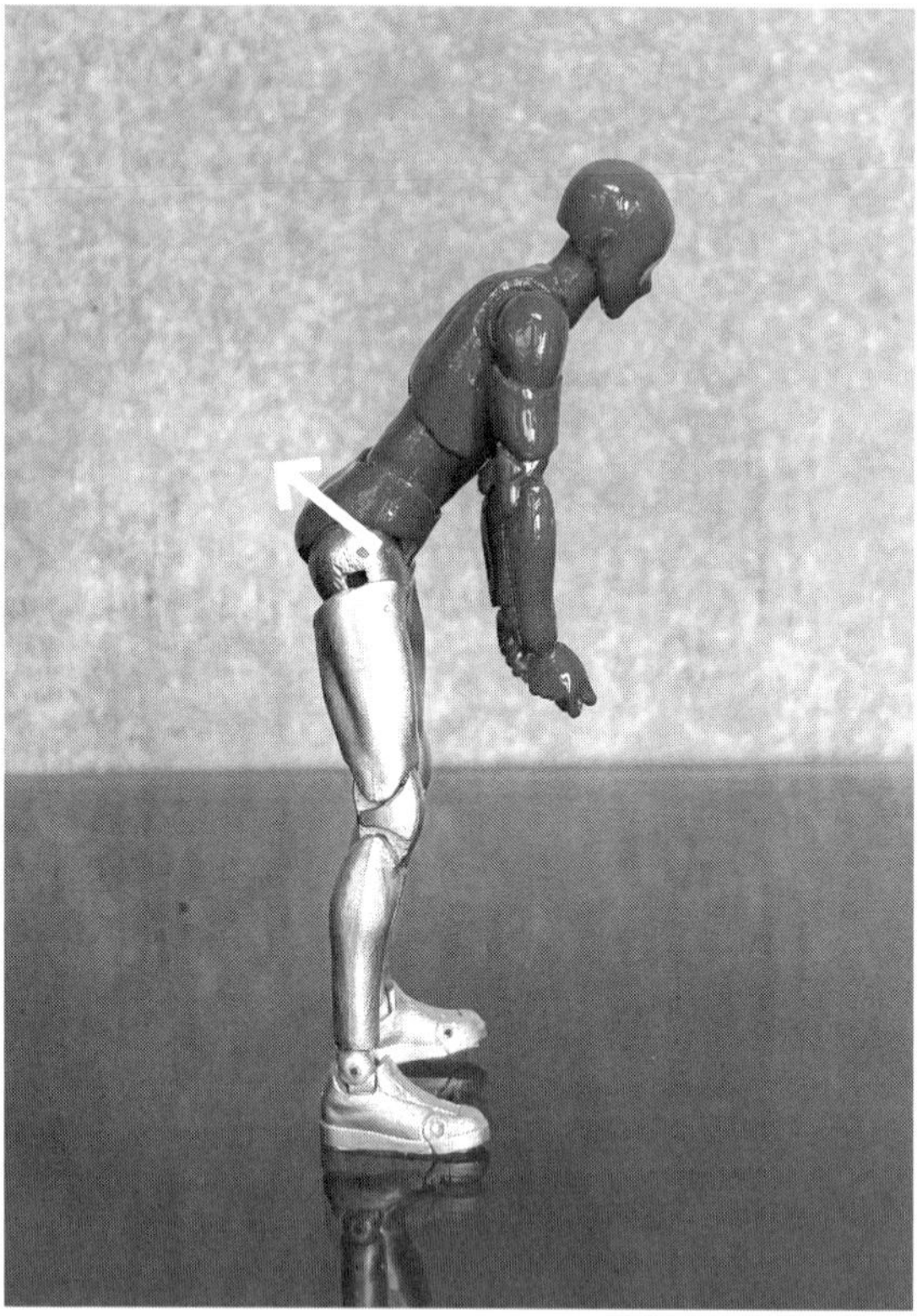

この写真をよく見てほしい。矢印は、右腰の先端を「切り上げる」ことを示している。多くのゴルファーのテイクバックは軸を中心とした回転（「切り上げ」）ではなく右脚への体重の移動、あるいは「ズレ」でしかない。つまり、ほとんどのゴルファーは「貯め」のための「捻転」ができていないのだ。言葉は知っていたとしても……。

「捻転」は軸をそれこそ基軸にしなければならない。なのに、軸の意識も認識もないままにテイクバックをしたところで、それはポーズでしかない。らしきことはしていても、それは捻転ではなかったり、あるいは力が貯められていなかったり……つまり、捻転運動になっていない。まずは軸を理解し、軸に沿った捻転が分からなければ「エネルギーの『貯め』などできない」。そのための技術が「腰の切り上げ」（前ページの写真を参考に）なのだ。まず順番としては右腰の切り上げから始まる。実際に注意して右肘を脇腹（肋骨）に同調させながら右腰の切り上げをやってみると「肋骨が捻れている」という実感が摑《つか》める。重心がバタつくことなく腕は身体に沿って無理なく捻り上がっていく。身体全体が一つになったままに。

腰の切り上げで注意したいこと手やクラブを上げるのではなく、肩甲骨と肋骨を捻る

繰り返す。右肘は右脇腹と離れない。密着はしないものの、ある程度同調して動く。すると普段は感じたことのない感覚で肋骨が捻り上がる。その先、トップへと移行する頃にはさすがに右肘は右脇腹から多少は離れる。しかし、離れてはいるものの、目に見えない緊張関係は維持されている。つまり目に見えない腱のようなもので繫がれている感覚。このちょっと苦しい感覚、それこそがエネルギーが溜まっている証拠。と、同時にこの緊張関係によってトップまで「軸を感じる」が体感できる。この「軸を感じる」で初めて軸の存在が分かる。これが分かると「スウィングの完成」が見えてくるのだが……。その先でまた多くのプレーヤーは「間違い」を犯してしまう。そこが難しい。そこが面白い、ゴルフは。

「クラブを上に上げたい」これは間違いだ

どうしてもある程度の高さまでクラブを高く上げたい、と望む。あるいはそう思い込んでいるプレーヤーは多い。特にシニアに多い。ゴルフメディアの言う「高いトップ」はけっして悪くはないが、単なる「手上げ」でトップが高くなっても意味がない。あくまでも、身体の軸と腕、肩が連動して捻転されていないとダメ。必要なのは「軸を中心にした捻転」……。せっかく途中まで身体の捻転ができそうになったところで肋骨から腕が離れて高く上がる。それは全て「ズレ」にしかならない。と同時に貯まったエネルギーが解放されて霧散する。結果は腕ぶりに頼るスウィングになり、加速されない、距離が落ちる、フェイスも安定しない、そして飛ばない……となる。

「軸」が現れた

この本では「軸」という単語を繰り返して使ってきた。にもかかわらず、この本を書いていて、あるいはこれまでのラウンドで「貴方は本当に『軸』を回転させてスウィングできていたのか？」と問われたら自信などない。これまでのラウンドでやらかした星の数ほどの「ミス・ショット」のほとんどは「軸を見失っていた」ことによる。腰の切り上げの明快な確認と練習による「刷り込み」。あるいは右肘と右脇腹の空間の維持と同調によって初めて「これが『軸』だ」と頭ではなく肉体の、関節の、筋肉の動きと感覚で理解される。この「軸」を使ったスウィングでは普段使っていなかった筋肉、腱を使うので、飛ばしたいあまりに無理な力を加えてはならない。特に練習し始めの時はゆっくりとした余裕のあるスウィングからスタートしたい。「スムーズで流れるような動き」を基本と考え、スウィングの途中に力瘤のような過剰な緊張を作らないこと。ご注意申し上げる。

左骨盤の先端に意識を向ける

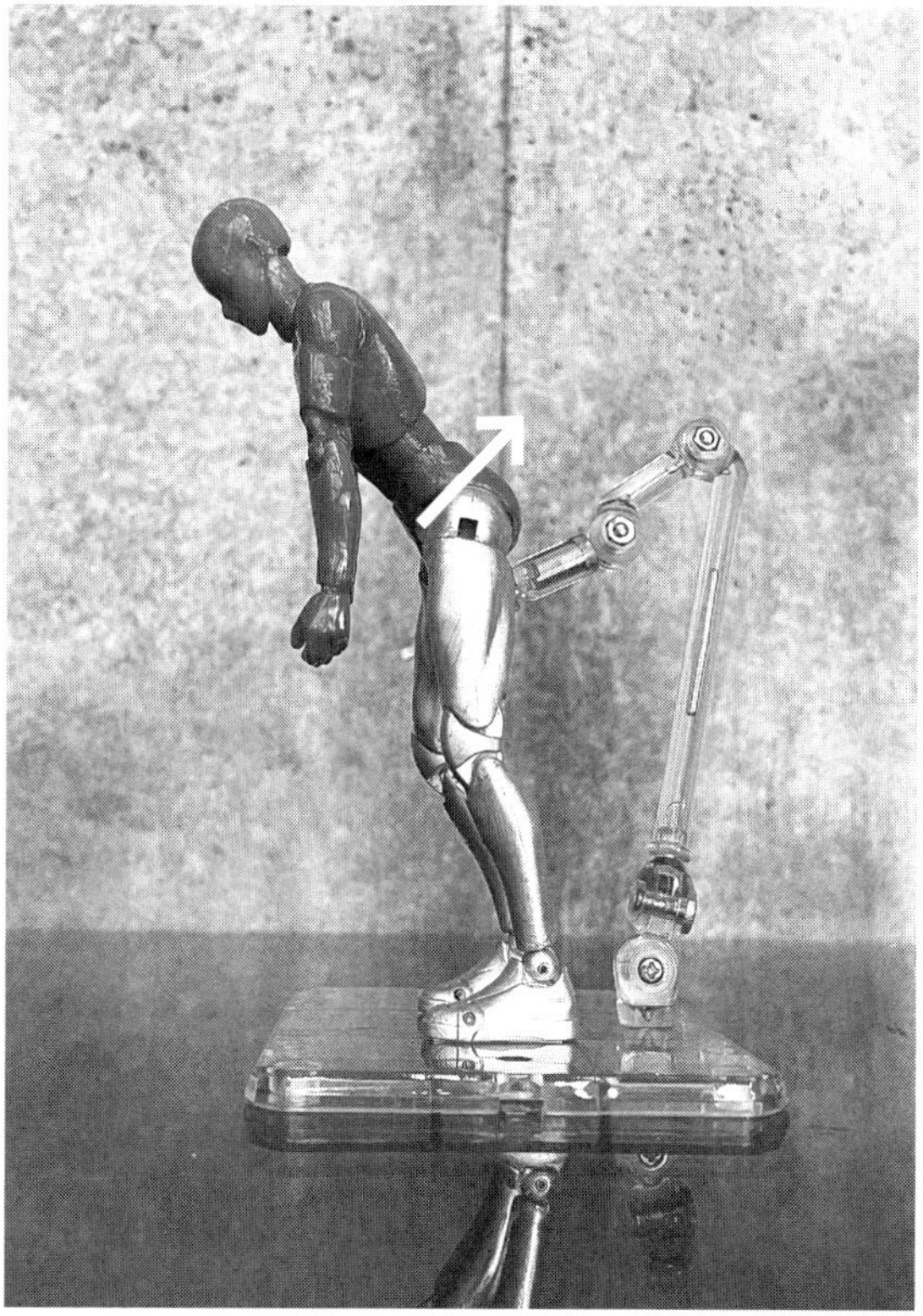

次はフォロー側の話

前ページの写真の説明。

十分に捻転されたトップから始まるダウンスウィング。ここでも写真にあるように今度は左骨盤の先端を後方上部に向かって「切り上げられる」。これも「腰を回転させる」と違って「切り上げられる」ので、本当に瞬時に行われる。なので、それほど急ぐ必要はない。慣れるまでは「本当にゆっくり」で、身体の各部位の動く順番に間違いはないのか、確かめながら……。あるいはクラブは持たないシャドースウィングで始めるのも妙案だ。

今までにない感覚の回転。なおかつ、良いことにこの方法は両膝が前にズレたり、動いたりもしにくい（大きくズレることがない）。まるで魔法に掛かったように瞬時に目的が達成されてしまう。もちろん回転時に体重あるいは重心が左右に大きく「移動」する兆候も軽減される。前述の『スタック&チルト』に倣《なら》えば初めからある程度左に重心はあり、足裏で地面を捕まえている感覚を残したままに回転を完了できるはず。繰り返すが「魔法のように」身体が回転する。この動きによって瞬時に上半身は下半身の回転に従って加速しながら腕、肋骨、肩甲骨などの上半身が引き戻されるようにしてフィニッシュへと向かう。そして加速したシャフトは首の後ろに巻き付く……。

瞬時に身体全体が回転してしまうその手順。これ、大事な話

ポイントはここ。各部のパーツ、腕、腰、肩、などが全て繋がったままで、クルリと回転する。前述の腰の切り上げでテイクバックをゆっくりと完了（無理をする必要はなく適度な捻転）し、身体の捻れを感じる。その位置に腕を、手首を、グリップをそのままにして、左の腰の先端を上方向に引き上げる。すると不思議……。それらのバラバラにこれまで意識されていたパーツが全て繋がってクルリと身体は回転し、ダウンスウィングからフォロー、そしてフィニッシュを迎えることができる。繰り返すが、それまで「腕」「手首」と各部を別々に意識さ

れていたものが、繋がる。この「連動」する動きが目的としている「しなやかなスウィング」を実現してくれる。

これこそ「軸」を意識した「回転」

「軸」を意識、認識することの大事さを説いてきた。そのためにプラモデルの人体模型を塗色し、記憶するように促してきた。それは「軸」のためだった。この軸が意識されることによってこの「腰の切り上げ」が可能となり、結果として「瞬時の回転」という魔法が実現する（かもしれないと思える）。繰り返すが、各所バラバラの意識でゴルフのスウィングを修正、修練、完成を目指してもなかなか結実しない。それがこの「切り上げ」によってスムーズで瞬時に完了する回転が可能となり、身体の各部が繋がり、連動して動くことが可能になる。上達の光が見えてくる。

折れ曲がった「軸」

下半身を「土台」と書いた。そしてその上の上半身を「軸」と表現した。それは正しいようで、正確な表現ではない。下半身も「軸」と繋がって機能している。ただし、それらを分離して意識することによって、上半身の回転はスムーズになる。土台である下半身も、前述の数ページで記載してきたとおり、「腰の切り上げ」により、回転（スウィング）の初動の大事な役割を担っている。土台ではあるものの、静かにしていれば良いわけではなく、ドッシリとしながらも「回転運動」をするのだ。混乱してほしくはないが、ゴルファーは2つのパーツが繋がったような「折れ曲がった回転する軸」による運動を求められているのだ。その折れ曲がった回転する軸を、より明快に感じながら、迷うことなくスウィング運動するために「1軸スウィング」の革命を理論化して記憶し、少しでも迷いをなくしたい。

回転のエネルギーは土台から始まる

しっかりとした土台の上の部分が捻転され、その後に始まる運動で、腕、肩、肩甲骨、肋骨、それら回転の初動のエネルギーは全て腰の切り上げによる回転から始まる。つまり土台の回転である。銀色の部分の切り上げによる回転から全て始まる。なので「折れ曲がった『軸』」とも書いたが、やはり、上と下という鼠蹊部からの前屈がなくては始まらない。

ゴルフメディアから生まれた「誤解」

一時期「捻転差」という表現が流行った。流行の発信源はタイガー・ウッズ。彼の上半身はしっかりと捻られているが、下半身はさほどでもなかった。それを見てメディアは「タイガーの飛ばしは上半身と下半身の捻転差によるものだ……」と書き立てた。それを見た読者諸氏は「下半身（腰も膝も）は捻らずに上半身だけを捻るのだ」と理解（誤解）した。実は捻転差は無理に作るものではなく、自然とできてしまうもの、だったのに。本当に大切なのは膝だった。にもかかわらず腰までも固定したほうが良いかのようにメディア（おそらく日本だけ）が書き立てた。

誤解は残念ながら「定説」として広がった。おそらくこの「定説」により、日本のゴルフは20年近く停滞したのではないかと思う（大袈裟かもしれないが）。上半身を無理なく捻転するには右腰を切り上げる必要がある。固定するのではなく、右腰を切り上げる。すると1軸（2本の脚があるのに）で捻転がスムーズに可能となり、ダウンスウィングでは逆側の左の腰を切り上げる。

何よりゴルフを難しくしていた原因として2本の脚があることによって軸が2つもでき、その2つの軸のブレ、ズレによってほとんどのミスは生まれてきた。それを克服するため、まずは『スタック&チルト』で1軸の発想を学び、その真意を理解しつつ、結果として「2本の脚はあるものの軸がズレないスウィング」のための最初の技術として「左右の腰の切り上げ」を学んでほしい。この技術をこの先のページでより分かりやすく解説していく。

「スタート時、体重の7割を左脚へ」

肝心なのは「軸を感じながらスウィングをする」こと。そこで敢えて大きな文字にした。スウィングのスタート時「体重の7割ほどを左脚に感じながらスタートする」。これが身体に軸を感じてスウィングするためのひとつのアイディア。多くのアマチュアは上半身のみに力がみなぎり、下半身を忘れてしまっている。まずは左脚体重を意識するだけで、多少は下半身に意識が移る。実はこれだけでミスショットは相当に軽減される。

この技術にはもうひとつ有効な理由がある。若いプロ、特に女子プロは身体が柔軟。鞭のように身体全体を使ってスウィングができる。私たちのようにバタバタとすることなどない。右脚から左脚への体重の移動も静かに、瞬時に行うことができる。また頭の位置をズラすことなく身体の回転が行える。つまりボールを注視したままでスウィングの初動からフィニッシュの直前までの運動が可能となる。これを一般アマチュア、シニアを含めた私たちに求めても不可能。体重移動もバタつくし、そのうえ上下動も起きる。上下、そして左右にズレまくってしまう。よくある例は、右脚体重のままで、左への移動さえもできない。もちろん悲しいことに、ヘッドがボールを芯で捉えることなどほぼない。悲しい現実。そこで『スタック&チルト』の発想からヒントを得て、初動時に体重をほぼ7割左脚に乗せてスウィングをスタートさせる。

右脚は補助的な役割に。でも大事な右脚

「右脚は補助的な役割」。この「補助」こそ安定したスウィングにとってはとても大切な役割がある。それまでの右脚体重からテイクバックし、左脚に体重を移しながらのダウンスウィングでは「ズレとの戦い」が生まれた。よく練習時に私たちは自らのスウィングの動画を撮影し、それを後で再確認する。それが簡単にスマートフォンで可能。さて、その画像で自らの脚の動きと体重移動のタイミングと役割をスローモーションなどで分析していく。すると脚が「浮いている」「役割を果たしていない」「ただズレているだけ」……などの瞬間が見えてくる。とても悲しい自らの姿にイケナイ画像を見てしまったような印象となり、とても注視、観察、分析などできない。それこそ馬鹿みたいに「上半身に力が入ってしまっている瞬間」「なんとも恥ずかしい姿」「とてもゴルフスウィングとは思え

ない」……が見てとれる。要約すれば「地に脚が着いていない」のだ。まずは地に脚を着ける。そこから始めたい。

スウィングのスタート時、左脚に体重の7割を。結果として新たな軸が現れる不思議なほどに身体の回転が容易に……

繰り返すが、若いプロたちは身体がとても柔らかい。その上、日々繰り返しの練習を怠ることもない。それに比べて私たちアマチュアは全ての条件で劣っている。なのに、彼らの技術をそのままに実現しようなど無理（もちろん吉田優利プロのようになりたいのはやまやまなれど）。プロたちが提唱する細かな技術は時に混乱を招くだけ。まずは「地に脚を着けたスウィングの実現」。そこで考えたのが「7割の体重をスウィングのスタート時に左脚に乗せてしまう」というアイデア。スタート時に左脚に体重を移し、足裏の感覚を確認すると「1軸らしきもの」が感じられる。と同時に、「不思議なほどに簡単に身体が回転可能となる」。

これが左脚体重の何よりの利点となる。

つまり、左脚体重から始まるスウィングでは体重移動というもっとも難しい運動がある程度省かれているので、アマチュアでも理想のスウィングに近づける。

考えてみれば「軸」による運動なのに2本の脚の間で体重移動がある、そこでさまざまな運動に混乱が生じる。それがある程度左脚体重でスタートすることができれば、肝心な軸がズレることなく、ブレることもなく、よりスムーズになる。初めは違和感もあり、慣れるためには多少の練習を必要とするが、慣れてしまえば格段にミスは減る。それもスコアに直接影響のある短いアプローチ（30ヤードなどの）では効果が如実に現れる。

「足裏が地面に密着する感覚」が抜けてしまう

安定した下半身を実現するにも「7割の体重を左脚へ」は効果が絶大だ。足裏の感覚を探りながら、地面を踏みつけていると、ある瞬間「足裏が地面を捉えた」を感じられる。これだ。ただし、この足裏の感覚は少しでも上半身に意識が移ると「抜けてしまう」。これが怖い。せっかく感じられた「足裏の感覚」が飛ばしたい気持ちで目標地点を注視した瞬間に消える。そして盛り上がる上半身の緊張。これがすでに記載した「緩んだ台座」だ。「足裏の感覚」をどんな時にでも捉えるには、多少の訓練が必要となる。ただ立つのではなく静かに足裏で地面を押す。何度かそれを繰り返す。するとある瞬間、靴の下の地面を足裏で捕まえられる。よく、上級者（本物の）が下半身を左右に揺さぶる動作をすることがある。これで彼らはその足裏の感覚を捕まえよう、感じようとしているのだ。

適度な上半身の脱力

「足裏の感覚が抜ける」。それを避けるには「適度な上半身の脱力」が必要となる。この脱力はもしかするとゴルフスウィングでもっとも難しいテーマかもしれない。数字で言えば下半身7、上半身3くらいのバランスでスウィングできればスウィングの軌道にも狂いが生じにくい。

右肩が前に出る

この7割左脚体重を実現した時の注意が一点ある。右肩だ。左脚に体重を移すと同時に右肩が前に出る。そうなりがちだ。その理由はこうだ。体重移動と同時に骨盤がほんの少しだけ回転してしまう。よって右肩が出る。するとテイクバックがほんの少しアウトに出ることになる。このテイクバックがアウトに出るのは単にそれだけでは済まない。実はもっと大きな問題を起こしてしまう。下半身が動きにくくなるのだ。つまり「手上げ、手振り」が起きる。この本で語ろうとしている「軸の回転によるスウィング」が不可能となる。いや、ゴルフは本当に難しい。こんな小さな骨の使い方（位置）だけで、「問題発生」となり、ミスが生まれる。この「右肩が出やすい」はチェックするべきテーマとして忘れてはならない。

体重は左脚に置くが、あくまでも右サイドからボールを凝視する

右肩が少し前に出る、すると頭の位置も当然左にズレる。するとボールを真上から見ることになってしまう。それではテイクバックはアウトに膨らみやすい。するとダウンスウィングでアウトサイドインとなり、ボールはスライスしがちとなる。体重は左に置きながらも、ボールの少しだけ右腹を見るように斜めから凝視する。これだ。つまりボールの右腹を覗くような意識が必要となる。これについては各プレーヤーの利き目が右なのか、左なのかによって頭蓋骨の角度も違ってくるが、ここではあまりにも話が複雑になり過ぎるので省くこととする。まず、体重は左にあり、足裏は地面をしっかりと捕まえていて、右肩が前に出ることなく、なおかつボールの右腹を見る……が可能になる。このあたりの細部については身体の特徴など個人差があるので、各個人が「探る」という作業、時間、経験などが必要となる。

「軸の位置」と「ボールの位置」

このあたりでもう一点、とても大事なポイントについて話をする。「軸の位置とボールの位置」の関係についてだ。何かにつけ「ガラパゴス的」という表現が使われている。よく言えば「日本ならでは……」だが、悪く言えば「日本的非常識」になる。ゴルフでもいろいろと日本的ガラパゴスがあるのだが、ボールの位置についても同様のことがあるようだ。ドライバーの場合は左足のつま先の前に、フェアウェイウッドは少し右に、アイアンはそこからまた少し右にずらしたあたり……。実はそのプレーヤーの体形、打ちたいボールの高さ、球筋、傾斜などによってボールの位置はさまざまであって良いのだが、どうしてもその昔聞いた、教わったボール位置にこだわってしまうプレーヤーが多い。

さて、ここでは「重心位置とボールの位置関係」について検討する。前述したように「左脚に軸の位置を動かした」のだから、当然ボールの位置も修正、調整が必要なはず。

ボールを少しだけ右に移動する

ボールを右にズラす。これで「右肩が前に出る」も防げるはず。その場にスタンスし、床を見て、今までのボールの位置から5センチほどボール位置を右に移動させてみる。すると自然に頭の位置に無理がなくなり、右肩も出にくくなる。もう一点付け加えなければならないのが「利き目」だ。私は右目が利き目だが、そこは各個人のチェックによって右肩が前に出ることなく、自然と無理なくボールを凝視し、下半身を回転しやすいボールの位置を確認する。それでもなかなか過去の固定観念の縛りから抜け出せない場合がある。そこは練習で「ボールをもう少し右へ移動する」を数センチずつ試しながら、右肩が前に出ることなく、また重心位置と、軸の関係を探ってみてほしい。それらの練習の中で、自らの身体の特徴や、スウィングの軌道のズレや、歪みについて気づくこともある。

スウィングの最下点についてのもう一つの見解

「ヘッドでボールを捉える」その場合のヘッドの最下点（もっとも身体から離れた地点）はどこか？と考える。ヘッドのフェイスにボールが乗るのだからボールの少し先が最下点となる。とするなら、なおのこと「ボールは軸（両脚の間のどこか）の少し右側」でも良いはず。肝心なのは「安心してスウィングがスタートできる視覚」の確認。スウィングの初動で「ここならヘッドはボールを間違いなく捉えるだろう」と想像される位置を探るしかない。その安心できるポジションを固定観念に囚われずに、探してみる。それはゴルフ上達にとってとても大切な点。それが証拠に短いグリーン周りのアプローチでは時に右足よりも右に、あるいは右足のトゥの先端あたりにボールをセットすることさえある。このポジションだと「ダフる」確率はほぼなくなり、安心してテイクバックに入れる。ボールと両脚、あるいはスウィングの軌道とボールとの関係を考えても「ダフる」はあり得ない。ボールの位置は「左足のトゥ」から「少し右」とか、左足つま先を基準にする測り方自体が「理に適っていない」とも言えそうだ。腰、頭、肩、重心位置。なによりポジション、地形などからその都度ボール位置は決めるべきだと言える。

スタンスとボール位置についての検討

その関係について図で解説する。これまで鵜呑みにしてきたスタンスとボール位置についての思い込み（固定観念）を捨て、「腰の回転がしやすい」、あるいは「ボールにヘッドが届かない」という心配が起こらない、「安心できるボール位置」を再検討する。具体的には「軸が回転しやすい」（スウィングがしやすい）ボール位置を、使用するクラブによって強制されるのではなく、あくまでも安心感のあるボールポジションを模索する。

ボール位置右がドライバー、左がアイアン

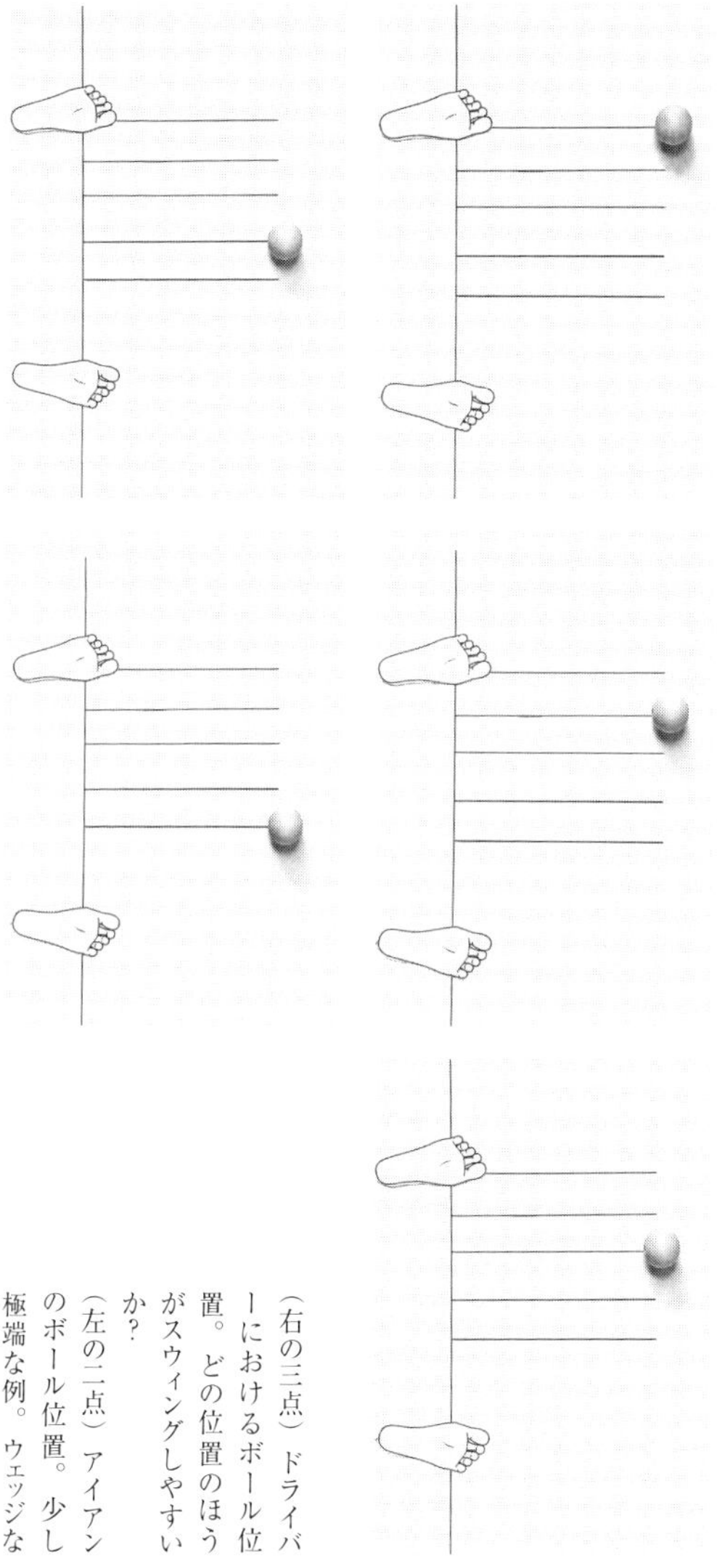

（右の三点）ドライバーにおけるボール位置。どの位置のほうがスウィングしやすいか?
（左の二点）アイアンのボール位置。少し極端な例。ウェッジなら左下の位置もありだ。

この線に理想のヘッドが落ちる

ボールの左の線がヘッドの通過する最下点と考えられる。この写真を参考にして自分のスタンスにとってもっとも安心（この位置なら間違いなくヘッドはボールを捉えられる）してスウィングできるボール位置を探る。

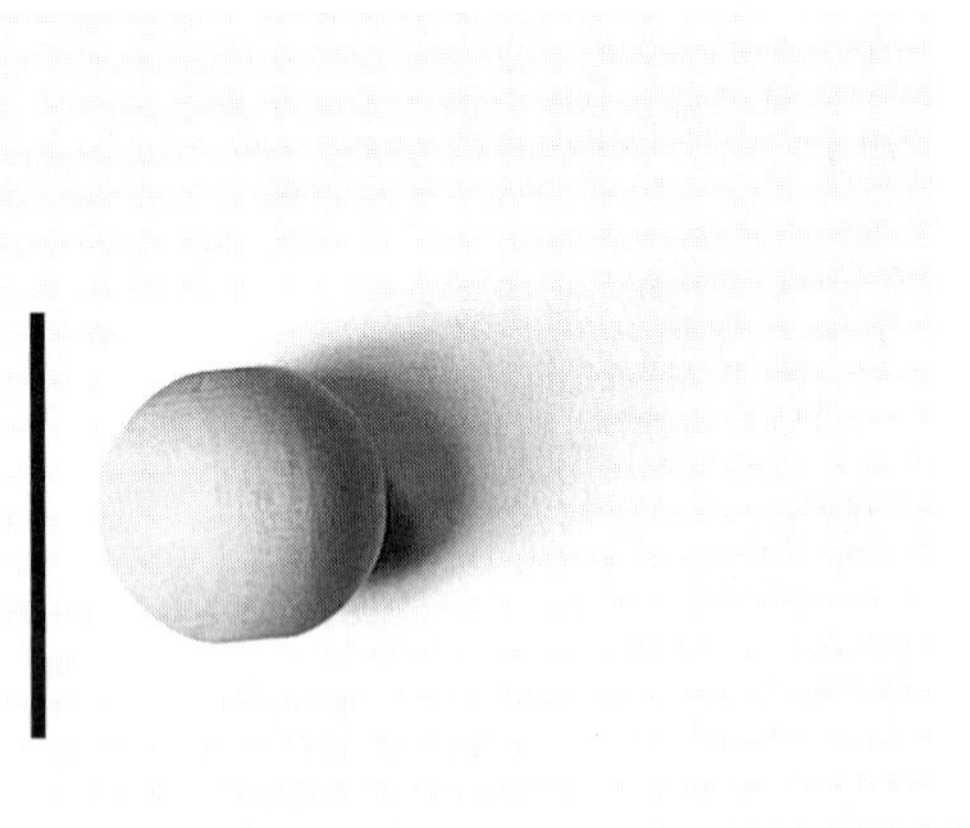

再考。ヘッドの通過する最下点について

写真のボールの左に引かれている線が一般的なヘッドの通過する最下点となる。ヘッドはボールの真下ではなく、数センチ先を通過してこそ、ボールはヘッドに乗る。ヘッドがボールの真下を最下点とすると考えた場合からすれば、約2センチはボールを右にセットしても良いことになる。なのに多くのアマチュアは知らぬ間にボールの真下を最下点としてボール位置をセットしがちなようだ。ボールの真下を最下点と考えてセットすると、相当に高い確率でヘッドはボールに触れる前に芝を噛む。またヘッドの入射角度も少し開き気味になり、ボールは前にではなく、高く上がる。もちろんボールの真下を最下点とする場合もある。いや、ボールの2センチ手前を最下点としなければならない状況もある。それはボールを高く上げるロブショットであったり、深いラフなどライが悪い場合で、むしろインテンショナルなボール（スウィング）が求められている場合に限られる。意外に曖昧になりがちなボールとスタンスの関係。実はナイスショットを望

むなら、ボール位置とスタンスの関係がとても大切なポイントとなる。

普段からもう少しボール位置とスタンスの関係についての観察、意識、考察が必要のようだ。このボール位置の変更だけでミスが激減する可能性もある、と私は思っている。

円軌道について

「ヘッドは円軌道を描く」と言うと、「知っている」と返事が返ってくるかもしれない。しかし、ほとんどのアマチュアの軌道は「直線的」あるいは「歪んでいる」。これはすでに記載した「スウィング途中の力瘤」によるものかもしれない。ドライバーから短いアプローチまで、あらゆる時に「ヘッドは円軌道を描く」ということはテイクバックでも、そしてダウンスウィングでもだ。この中身については詳しく後述するのでまずは頭に残しておいてほしい。

実は「円軌道」はとても小さい

もう1点理解してほしい点がある。ヘッドが通過する、あるいはグリップが描く「円軌道はさほど大きくない」という事実だ。どうしてもドライバーなどの長いクラブのヘッドが移動する画像が刷り込まれているので、飛ぶには「大きな円軌道」が必要と考えがちだが、グリップ位置のある腕の描く円軌道は実は小さい。ショートアイアンでもドライバーでも腕とグリップの描く円軌道はほぼ同じだ。想像しているよりとても小さい。なのに多くのゴルファーはドライバーヘッドが描く円軌道とグリップが描く円軌道を誤解、誤認しているようだ。その上、ゴルフメディアは「大きなスウィング」が飛びの証明かのような記事を書いているので、なおさら一般読者であるゴルファーは「大きな円軌道」を描こうとする。結果として両脇が肋骨から離れて軌道は乱れ、ヘッドも飛ぶボールも行方知らずになるばかり。グリップが描く軌道とヘッドが描く軌道については後ほど写真を交えて解説する。この「大きな円軌道」、これもスウィングを破壊している誤解の一つだと言える。考えてみれば軸に近くグリップが軌道を描けば、先端のヘッドはもっとも速くなるのに——。

トニー・フィナウのトップ

テイクバックのトップの位置について、一人の模範となるプレーヤーを紹介する。アメリカのＰＧＡプレーヤー、トニー・フィナウだ（アメリカツアー６勝、平均ドライバー飛距離２８７ヤード）。彼はトンガの血を引くアメリカ人の有名選手。是非とも彼のスウィング画像を検索してほしい。彼のドライバーのトップでのシャフトは地面と平行になるほどには倒れない。つまりとてもコンパクトなトップになっている。右肘は肋骨からほとんど離れることなくトップへ。左腕は地面と平行になる位置までしか移動しない。ただし肩の捻転は充分。テイクバックの目的はシャフトや、ヘッドを地面から離れた空中へ高く上げることではない。捻転によって力を蓄えるのが目的。フィナウは腕は地面と平行、シャフトは高くはないが、肩の捻転は90度までできている。そのトップから一気に捻転が解け、軸である肋骨を中心に身体がクルリと回転。彼のスウィングを見ていると「高いトップ」という表現はそろそろ死語にしたほうが良さそうに思えてくる。

おすすめしたい「小さなトップ」

トニー・フィナウのトップの利点は他にもある。「高いトップ」の場合、考えてみれば身体の捻転が終わっているにもかかわらず腕だけが上に上がってしまう。これは「ズレ」だ。つまり高いトップはズレを助長していただけなのだ。それにシニアだけでなく一般のゴルファーは身体が硬い。なのに高く腕を上げてしまえば、苦しくなって身体も耐えきれず、下半身までズレてしまう。つまり、ズレがズレを呼んでいるのだ。なんとか小さなトップから一気に加速するスウィングを身につけたいものだ。

右肘と右脇の距離について

ヘッドが大きな円軌道を描けば距離が出る、飛ばせる、と思う。結果として右肘が右脇から離れてしまう。するとせっかくの捻転で貯まっていたエネルギーが解放され失う。だから、小さなトップ、フィナウのスウィング、とアドバイスをする。それでも肘と脇は離れる。相当に意識して練習をしないと……。習得する方法は「本当にゆっくりとテイクバックする」ことしかない。ゆっくりだと「軌道が確認される」「身体が捻転しやすい」。そうやすやすとはできないのだけど。

オマケの二つの利点

この腰の切り上げがスムーズにできるようになると二つの利点がある。まずはダウンスウィングにおいて「クラブを引っ張る」ができる。当たり前だが、捻られているので捻り戻せる。つまりクラブを下半身を使って「自然に引っ張れる」。この「自然に」が大事になる。十分な捻転がなされていないにもかかわらず「クラブを加速させよう」としても、結果としては「手で振る」にしかなっていない。すると、加速などできるはずもないからヘッドスピードが上がらない。つまり、手上げの人には引っ張るという運動はできないのだ。

もう1点は「凝視」。スウィングの途中で視線がボールから離れる。その原因は身体の左右へのズレ、ブレである場合が多い。軸を中心にして腰の左右の切り上げスウィングでは身体の中心のズレが生まれにくいのでボールを凝視することが容易になる。一時期アニカ・ソレンスタムの「ルックアップ」が話題になったが、達人の技から学ぶものなどない。私たち凡人には……。

もっとも大切、もっとも難しいスウィングのリズムとタイミングの作り方

テイクバック次第でスウィングも、そしてボールの行方も決まってしまう。ゴルフスウィングでもっとも大切、もっとも難しいのが「リズム」と「タイミング」だ。

コリン・モリカワのテイクバックについて前述している。「ゆっくりのテイクバック」。その先だ。彼のスウィングではダウンスウィングもゆっくりに見える。しかし、フォロー、つまりヘッドがボールにコンタクトした後が「速い」のだ。禅問答のようだが、「『ゆっくり』がなければ『速い』は生まれない」のだ。「ゆっくり」と「速い」があってこその「運動」なのだ。そこにあるのが……。

「加速するスウィング」

ヘッドがボールにコンタクトした後のフォローが最速になるスウィング。それが理想だし、スピン量も少なく、そして飛ぶ。遠くへ飛ぶ。お望みの結果はそこにある。同時に最初に書いた「静かな」「丁寧な」「ゆっくりとした」そんなスウィングから生まれる。それが理想となる。

鏡の時間

私の造語だが、ゴルフにおいては「鏡の時間」が大切だと考えている。以前出版した本でも書いたが、今回も繰り返す。いくら練習場に通ってボールを打っていても、時にそれは悪癖の上塗りにしかなっていない場合が多い。そこで、これまでの模型などの画像を参考にして、自宅に立ち鏡を用意して、自らの身体の形を画像として記憶する。鼠蹊部（股関節）からしっかりと身体を折り、前屈しているか？　頭蓋骨の位置がどちらかに極端に傾斜していないか？　あるいは背中が丸くなっていないか？　正面ではなく横を向けば右肩の出方もわかる。時に左脚に体重の9割を掛けてみたり、あるいは6割にしてみたり……。そのように体重配分を変えた場合の下半身の回転のしやすさ、あるいは腰のズレの有無など、貴重なチェックが可能となる。その場でのスウィングをシャドーで行うのも大切なトレーニングになる。これは練習場ではできない。この立ち鏡の前の自分の身体の形を画像で記憶することがスウィング改造の大切な経験となる。

再度、スタンスとボール位置

前述の「ボール位置」について鏡の前でスタンスをとり、床にボールを置く。最初は左脚寄りに、そこから2センチ刻みくらいで右にボールを移動している。その時の右肩の開き、あるいは頭の位置を確認し、そしてその場で左脚体重にしたままで身体を回転してみる。あるいはテイクバックからダウンスウィング、腰が回転しながらも頭がズレることなく、ボールを凝視しやすいボールの位置はどこなのか……、と探っていく。これはゴルフ上達のためのとても重要な作業（検証）となる。身体の特徴、柔軟さ、関節の可動域……などの個人的な特徴の中でもっとも身体が回転しやすく、またボールを凝視しつつもヘッドが安心してボールの少し先にある最下点をスウィング軌道で通過できるのは、どの位置関係か？それらをシャドウスウィングを鏡の前で繰り返すことによって確認する。「軸」「振り子運動」「加速」「円軌道」などのゴルフスウィングの基本となる要素の全てが「分かる」「感じる」のがこの鏡の時間だと思える。

最下点を凝視できるのか？

アドレスをするとボールは芝の上にある。当然そのボールを見る。と言っても、ヘッドの通過するべき最下点はそのボールの位置ではないと……。多くのゴルファーはボールのあるあたりを漠然と見て、これまた適当に「打つ」。すると当然少し芝を噛む、あるいはすごく噛む、つまりダフるとなって、当たり前なのだ。じゃあどうするのか。「ボールの少し先を凝視」する。それも、テイクバックからヘッドがボールにコンタクトする瞬間まで、しっかりとボールを凝視していられるのか？　それもあまり無理せずに凝視していられるのか。その位置を、身体の角度を……。チェックすると同時に身体に染み込ませる。これには多少の訓練が必要になる。これはゴルフスウィングの訓練のなかでも相当にレベルが高い。ただし、知っていればミスが起きてもその理由がわかって納得できる。その効果はあるかもしれない。ちなみに次ページに写真を掲載しているボール左の丸印あたりがヘッドがボールにコンタクトした後に通過する点。つまり最下点。そこにヘッドを通過させたい。

どこが最下点かを考えているか？

ボールとスタンスの距離を3センチ遠くする

手の通る軌道とヘッドが通る軌道の違いについては、後ほど詳細に記載しているので、そちらを熟読してほしい。133ページの写真のダウンスウィングの途中の苦しさを随分と解消する「技」はボールからほんの3センチほど距離を離してスタンスすることだ。

これでダウンスウィングの途中、ヘッドがボールにコンタクトする約40センチほど手前のもっとも脇や背中が苦しいポイントが随分とスムーズになるはず。

これも鏡を使ってゆっくりと各身体の部分の動きを確認していくと、数センチの違いで、大きく違いがあることがわかるはずだ。

スウィングでもっとも難しい瞬間

次のページの写真をもう一度注視してほしい。これからシャフトは静かに円軌道を描きながら、ボールに接近していく。その時、前傾角度を保ったまま、腰の回転のリードを続けられればヘッドの入射角度は理想になる。腕は上から下へと振り下ろされる感覚があり、ヘッドはボールを横からすくい上げるようにして、ターゲット方向へと放たれる。ただし、この瞬間が多くのアマチュアには難しい、苦しい。身体の柔軟性がないからだ。結果として我慢できずに右肩が前に出る。と同時に、腰も浮き上がる。結果としてフェイスは開き、ボールは狙いをつけた方向よりも随分と右へと飛ぶ。もちろん高さも飛距離も狂っている。苦しいところで無理を続けていれば、背筋痛、腰痛……と身体が悲鳴を上げてしまう。

前傾角度を維持する大切な瞬間

アイアンでも腕とシャフトにはしっかりとした角度（アングル）が維持されている。身体とボールとの距離が大切になる。間柄両真プロ。

腰から垂れる軸に注目してみよう

腰の下にはっきりと「軸」を意識

またクドいようだが軸の話に戻る。前ページの写真にある棒状の「軸」が感覚として現れた軸だ。極端に左脚に体重を乗せてしまう「スタック&チルト」に多くのゴルファーは抵抗がある。理由は「私たちには脚が2本あるから」だ。そこで、この本では「7割の体重を左脚に置いたままでテイクバックに入る」というアイデアを提案している。この7割の体重移動によって感じられる「軸」がプラスチックモデルの左寄りにある「軸」。ちょうど、この棒のあたりに軸の中心があると想定されると、これまで説明してきた体重位置が視覚的に理解されるはず。左脚に重心を移したままに前述の右腰の切り上げ、トップからの左骨盤先端の切り上げ、その一貫した動きの確認とボールの先の最下点への凝視の実現などを「鏡の時間」において、視覚的に確認しておきたい。思わぬ発見と合点があるはず。

軸については、言い方を変えれば2軸ではなく、1軸でもなく「1・5軸」というあたりであろうか。

腰の切り上げが素速くできれば「1軸」あるいは「1・5軸」でいきたい

身体の柔軟性は確かにゴルフでは大切な要素ではあるし、怪我をしないためにも普段からのメンテナンスは重要ではある。しかし、その柔軟性も身体の動かし方を知っての上での話であって、間違った動きを覚えていては柔らかいも、硬いも関係ない。多少暴言を吐いてしまえば「ゴルフスウィングに特別な身体の柔軟性など必要もない」。結論めいた言い方になってしまうが、身体が硬いのなら、オープンスタンスで「ゆっくりとしたスウィングを覚えれば良い」のだ。それよりも前に身体のどの場所をどの順番で動かせば良いのか、それを間違っていれば柔軟性も何もない。

「腰の切り上げ」が素早くできて、クルリと身体が軸に従って回転できれば「1軸」でスウィングが完了するし、そう覚えたほうが合理的。それが難しいのなら

7割左脚体重で多少ゆっくりとしたスウィングイメージにして「1・5軸」で赤い塗色の軸を意識されることをすすめる。そのあたりに各個人の身体的な特徴、個性がある。その個性を無視してはいけない。この難問をどう理解、処理するのか？　それもゴルフの面白さなのだ。

Part 4

サイクロイド曲線（最速降下曲線）と大谷のホームランボール

右と左、どちらの落下時間が短いか？

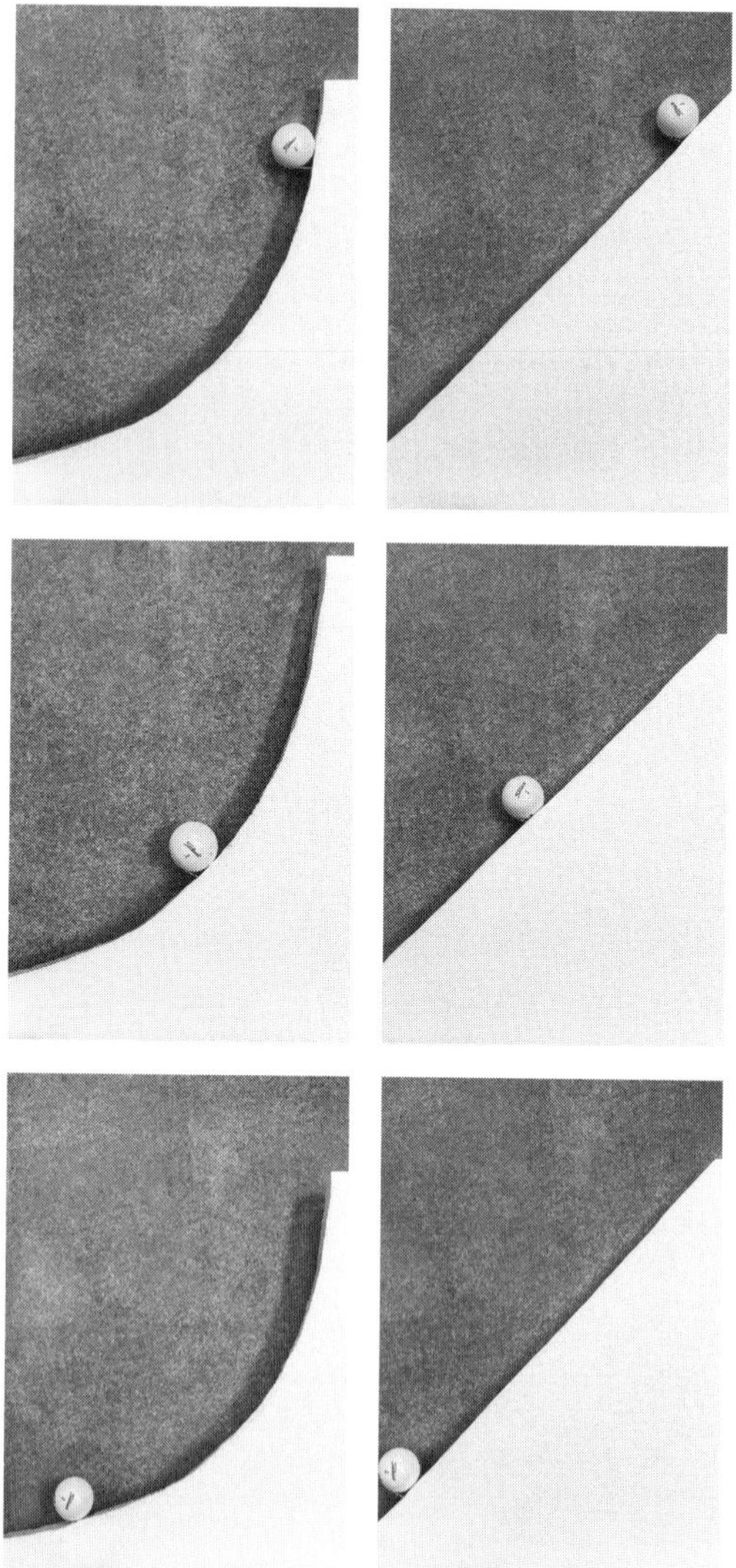

右は直線を落下。左は曲線を。もちろん左が距離は長くなる。

サイクロイド（最速降下曲線）

「クラブは円軌道を描いている」を多くのゴルファーは本当に理解しているのか？　大いに疑問が残る。テイクバックされたトップをA点とする。そこから最下点（ボールのある地点）をBとする。そのA点からB点に早く到達するのは前ページの写真で考えれば「直線」か「曲線」か？　単純に距離で言えば直線が間違いなく短い。しかし、結論は「曲線」を転がり落ちるほうが時間的には圧倒的に速いのだ。つまり初めの傾斜角度が大きい曲線のほうが初動で「加速」し、その加速に乗って降下スピードが上がり、距離が長くても掛かる時間は短くなる。その理屈を数学的に証明したのが「サイクロイド」と言われ「最速降下曲線」とも言われている。数学好きの方は数式を検証してみてほしい。

大谷翔平のホームランボール

今となれば大谷翔平にとっては常識と言われるホームランボールの距離と掛か

る時間だが、初めは驚きの連続であった彼のパワー。確かに大谷のパワーは別格だが、彼は技術的にも並外れた研究者でもあった。彼はおそらくこのサイクロイド曲線を頭におきながら自らのスウィングを研究したはずだ。ある野球解説者は「私たちの時代はバッティングは『大根を切るように』と教えられました」と吐露していた。円軌道ではなく、バットは直線を描いてボールに当てろと……。そのほうが短い時間で構えた位置から投げられたボールの位置までバットは走ると。しかし、実際には円軌道を加速しながら振るほうがヘッドスピードは上がるのだ。大谷のバットは確実に円軌道を描いている。

ゴルフにおけるサイクロイド曲線は?

この効率の良い降下曲線を描くことが良い、と頭で理解されたとして、その曲線は自身のゴルフのスウィングにおいて、どこにあるのか?　どれほどの効果があるのか?　どこに気をつければ良いのか?　と疑問だらけ。

ほぼ多くのアマチュアゴルファーは、次のページの図の点線で描かれている部分が「曲線」ではなく「直線」になっている。ボールのヘッドがコンタクトするほんの数十センチ手前。そのあたりで「ヘッドスピードを上げたい」「遠くへ飛ばしたい」欲望が暴れる。結果としてヘッドは落下曲線をやめて、直線（最短距離と思い込み）を求める。実際私も長くそうであった。

この「遠い」ようで「速い」効率の良い降下曲線にヘッドを乗せるのには我慢が必要だ。しかし、完璧な曲線軌道を描いた結果の「素晴らしい飛距離」「手に感じる厚い打感」を感じてしまえば、これまでのスウィングはなんだったのか？と目から鱗、歓喜の瞬間が間違いなく訪れる。スウィングは「丁寧」そして「我慢」。これだ。

スウィング軌道が円を描くことの難しさ

「円らしき軌道」と「円軌道」は違う。もう一点。「クラブを早く動かしたい」「クラブを早く上げたい」そんな気持ちが多くのアマチュアにはある。当然私にも。で、「早く上げる」と「円らしき軌道」になる。初動の軌道が直線になりが

ゴルフでは
ここが
最速となる

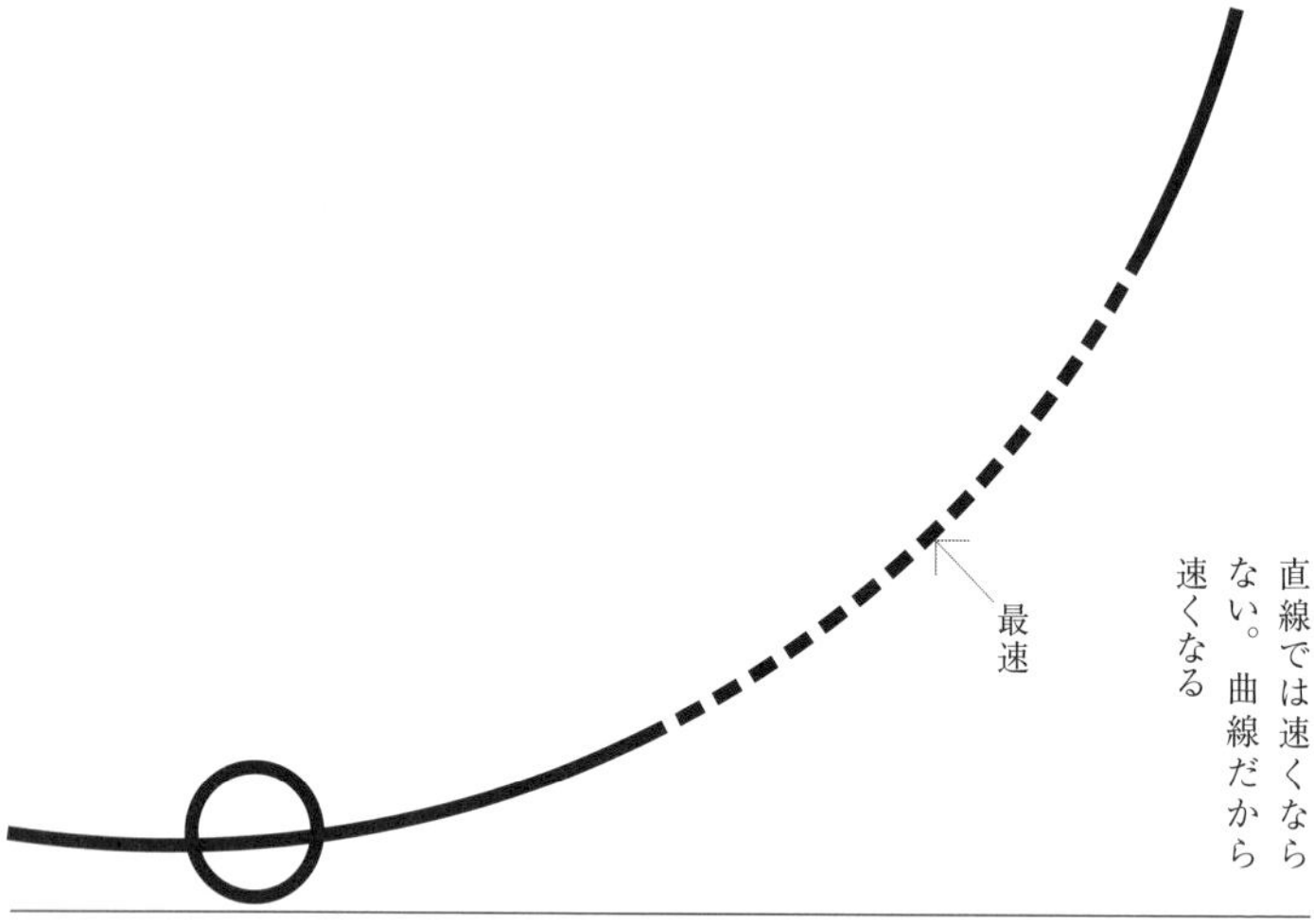

直線では速くならない。曲線だから速くなる

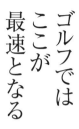

ち。もう一点。テイクバックで左腕の肘が少し湾曲する。すると「長さの基準」（「長さの基準」については後述）が失われる。撓《たわ》んだ左腕が撓んだままでスウィングが完結していればそれはそれで個性的な長さの基準になるのだが、撓んだ肘はどこかで「伸びる」のが通例。当然円軌道は「撓む」「伸びる」の2ヵ所で円軌道から外れる。とりわけ難しいのは短いアプローチ。目標とする距離も短いので「丁寧さ」が失われがち。一方で短いがゆえの恐怖心も働き、「早く済ませてしまいたい」心理が働き、結果として直線的にテイクバックしてしまったり、直線的なダウンスウィングになったり。結果としてヘッドがボールに向かって直線的に走り、衝突して悲劇が起きる。この短いアプローチで腕を伸ばしてゆっくりと円軌道を描いてスウィングができたらまちがいなく上級者。

Part 5

スウィングを破壊する要素について

「実践編」に入る前に

どうしても理解してほしい話がある。それは「スウィングを破壊する要素」についてだ。「破壊」とは随分と激しい表現ではあるが、実際にゴルフスウィングは「些細なこと」で破壊されてしまう。「この間は上手くいったのに、今日は何故かできない……」はゴルフではよく聞く話。その先に悩み、苦悩、そして諦め、という末路がある。その「末路」から脱出するには後述のいくつかの「要素」を頭に染み込ませてほしい。と同時に、練習場などでは徹底して意識してほしい。私は実際に幾つかの「言葉」（注意点）を使用するグローブに書く、あるいは運転するクルマのダッシュボードに紙に書いて貼るなどのことをしている。とりわけスコアが大事なラウンドの前には必ず言葉を確認し、忘れないように方策を採る。また練習では「その日の注意点」あるいは「意識する点」を思い出し、そのポイントを確認しながら練習。ゴルフ場では友人との無駄話はラウンドの後にして、まず朝のドライビングレンジやパッティンググリーンでは注意点を強く意識しつつ練習に集中する。漫然と身体を動かし、ボールを打っていては、残念ながら進歩は望めない。

「捻転」はゆっくりでなければ不可能。なのに……

これまで理論を記載してきたところで「捻転」という表現が繰り返されてきた。読む限りは「分かっている……」となるのだが、冷静に振り返って「できているか?」と聞かれて「できている」と答えられるだろうか? 当たり前の話だが「捻転」は身体を捻り上げる(上半身を捻り上げて力を蓄える)。実はこれがほぼ全員できていない。理由は一つ「テイクバックが速い」からだ。頭はダウンスウィングから、ヘッドがボールを捉えて遠くへ飛ぶ、飛ばす、飛ばしたい、になっているので、悠長に「ゆっくりなんかしていられない」となる。よって全てが速くなる。セットアップからフィニッシュまで……。

じゃあ、速いテイクバックで捻転ができるのか? 答えは簡単「できっこない」だ。腰が、肋骨が、腕を伴い軸として捻転、など速くてはできない。もちろんプロの中にも速いリズムの人もいる。しかし、彼が優勝するシーンにはなかなか出会うことはないはずだ。

早く打たなければ……ただ、トップの位置に腕を、いや、ヘッドを移動させることしか考えていない。トップの形さえできていれば捻転もできるのか？と、問われれば答えはこちらも「ノー！」だ。途中経過が大切。途中で肋骨が捻り上げられていく。その筋肉や関節の記憶が「パワーを貯める」のだ。途中経過としての道筋の記憶はダウンスウィングの軌道の記憶となる。

ダウンスウィングしか考えていない

多くのアマチュアはテイクバックのことなど考えてはいない。ただただ飛ばすためのモーレツに速いダウンスウィングを考えているだけだ。だからテイクバックも速くなる。しかし、冷静に考えてみれば、捻転はエネルギーを貯めるためにする行為なのだから、早くしなければならない理由などない。残念！

ジリジリとゆっくり捻る

この「ゆっくり」が理解され、習慣になり、いつも焦らずに、スウィングを始めたい。この「ゆっくりテイクバック」を徹底的に肉体化できたらゴルフスウィングの難題のほとんどが解決されたと言っても過言ではない。それほど「ゆっくりとしたテイクバック」は本当に難しいのだ。「アア、飛ばしたい」という欲望に勝てない。

注意点を言葉にして認識する

繰り返しになるが、「注意点の言語化」はアマチュアゴルファーにとっては必須。時に言葉は自らのミスの原因を教えてくれるし、またミスの原因を詳《つまび》らかにしてもくれる。おそらく、あらゆる種目のトップアスリートたちは同様に言語化された理論を映像化し、それを実現するためのトレーニング（各所の筋力、柔軟性）を志向、実行しているはずだ。その意識が技術的進化だけでなく、怪我の防止にも繋がっているはず。
ただただ、ゴルフの愉しさに浮かれていては「ゴルフに泣かされる」のが落ちとなる。

「急いてはことを仕損じる」

突如、この格言を思い出した。なにゆえにゴルフでは「急いで」しまうのか？テイクバックなど急ぐ必要もないのに。もう一度公園のブランコを思い出しても良い。急いでは座面が暴れるだけで、座面はスムーズに円軌道を描けない。タイミングを摑みつつ、ゆっくりと、本当にゆっくりと漕ぐ。

ヘッドを速く動かしたい

ボールがあり、目的がある。「飛ばしたい！」つまりプレーヤーの頭の中にはダウンスウィングにおいて猛烈なスピードで走るクラブヘッドのイメージだけができ上がっている。よって、テイクバックも自然と速くなる。この場合に起きるもう一つの大きな問題は腕だけが速く動くだけでなく、手首が動く（回転する）ことだ。視線上にあるヘッドを動かしたいのだ。速くヘッドを移動させるのには腕で動かすよりも、手首をターンさせてしまえば、とりあえず早く視線から消える。だからなのだ。もちろん、この動きはスウィングを破壊しているのに……。で、手首が動くと、ヘッドのフェイス面が開く。腕も、フェイスもコントロールを失う。もうあとは祈るしかない。ターゲットに向かってボールが飛ぶなど不可能。しかし、この腕振り（身体は回転せずに）プレーヤーは経験の中で適当なタイミングで手首を返すことを覚えてしまっている。つまり経験知としての「癖」だ。この手首の動きに頼ったプレーヤーは若くて力のある時代はなんとか誤魔化せても、シニア、グランドシニアになると飛距離が一気に落ち、それには対策がなくなる。その上、手首を弄《いじ》るプレーヤーにとってフェアウェイウッドはもっとも不得意なクラブとなる。よってミドルホールでの2打目に難儀する。おまけにレキシー・トンプソンのように手首の怪我に悩まされることとなる。

ゴルフスウィングでもっとも大切でもっとも難しいのがリズム、そしてタイミング最終目的「加速するスウィング」

最終目標は「加速するスウィング」。この「加速」ができるためにはしっかりとした捻転が大切。そのためのリズムを覚えられるか？　そこにスウィングの進化の最大の難関、鍵がある。前述したとおり、速く振らなければ飛ばない、と思い込んでいる。私も長くそうだった。ゆっくりとスウィングするなど以《もっ》ての外《ほか》だと信じていた。しかし、「ゆっくりテイクバックしなければ、パワーは貯まらない。ゆっくりでなければ捻転などできない」のに。

ゆっくりとしたテイクバックによる、しっかりとした捻転、そこから身体全体を使って加速するスウィング。これだ！

と考えると昭和のゴルファーが標語として繰り返していた「チャー・シュー」で捻転して「メーン」でダウンスウィングからフォローへと、スウィングのリズムを表現したこの慣用句は昭和の遺産として語り継いでも良いのかもしれない。

大胆に断言してしまう。テイクバックをゆっくりできている人で「下手」はいない。これが「理屈と実践」で理解できればアマチュアゴルファーはそろそろ卒業式を迎えられる。

絞り上げられる感覚

敢えて言うなら、「絞り上げられる」感覚。ゆっくりと身体が絞り上げられて、トップ。けっして「高く」「大きく」なんて意識は不要。ただ、捻転がされれば完了。そこからの「エネルギーの解放」。放たれる力。走るシャフト、撓むシャフト、先端のヘッドがボールにコンタクトする。それだけ。

セットアップのミス
ターゲットに対して右を向く

アマチュアによくあるミスはターゲットに対して右を見てしまうことだ。観察していると本当に多くのアマチュアが右を向く。結果としてボールが右方向に飛んで「右にプッシュアウトした」と感想を漏らす。「いや、最初から右を向いていましたよ……」なのに。そのままのセットアップを繰り返しながら数十年のゴルフ人生を過ごす方もいらっしゃる。ハンディキャップインデックスが10前後の上手な方にもいる。結果、一見上手そうな彼らは左に曲がるフックボールを覚えてそれを「ヨシ」として生きていくが、フッカーはアプローチショットを苦手としがちなので残念ながらスコアの上下が激しくなってしまう。

ボールの近くに立つ

ターゲットまでの短いアプローチになると右に向くと同時に「ボールの近くに立つ」傾向が現れる。ボールに身体が近くなれば、セットアップ時にクラブ（グリップ位置）は当然少し上に引き上げられ、シャフトとグリップの本来あるはずのアングル（維持されるべき角度）が失われる。結果としてヒール側のソール（底）は浮き、トゥが芝や地面に触れやすくなる。すると当然ヘッドのトゥ側が芝に引っ掛かりやすくなり、クラブは滑りにくくなる。せっかくのウェッジはヒール側が滑るようにできているのに、その機能（滑る）を使うことなくアプローチに不安のあるプレーヤーとして、度々《たびたび》ゴルフに泣かされることとなる。

じゃあ、どうしたらターゲットに「真っ直ぐに立ち」「ボールとの適正な距離を保てる」のか？　ここで前述のポスチャー、前屈、前傾、スタンスの作り方を復習しなければならない。スウィングの始まりは「スタンス」「立ち方」なのだ。ただ相手のボールは直径約4センチ。とても小さい。なので「適当」「乱雑」になりがちではある。自らの性格を把握し、「丁寧」（ただし「プレー・ファースト」）を徹底するしかない。方向性については常にボールの真後ろ（適当はダメ。真後ろでなければ）に立ち、ボールとターゲットを結んだ線を描き、毎回スパット（目印）を見つけ、ボールとスパットを結んだ線をイメージし、その線に沿って立つ。それを毎回丁寧に繰り返す。これしかない。もう一点の「ボールの近くに立つ」は新たな重要な視点として（スウィングの肝になる「2つの円軌道」）詳しく後述するので飛ばさずに読んでほしい。

右手首の角度を維持する

右手首の角度の維持について意識されているだろうか？「していない」「する必要はあるのか？」「ヘッドが加速すれば自然とリリースされるのに」……。との意見が聞こえてきそうだ。

ボールを曲げずにターゲットに向かってサイドスピンを掛けずに狂いなく運びたいのなら、右手首はヘッドがボールにコンタクトする瞬間までは「維持されるべき」だ。これはこの本の前段の話にも関わってくる。「ヘッドはけっして私を追い抜かない」「加速するヘッド」「フィニッシュでシャフトは首に巻き付く」「ターゲットを射る」……そんなスウィングを望むのなら、必ずボールにヘッドがコンタクトする瞬間、右手首の角度は維持すべきだ。

クラブは身体の回転で「引っ張られ」加速されているのだから手首のリリースなどできるはずもない

もしも、手首がプレーヤーの任意で身体の回転以上にターンされているのだとしたら、そのプレーヤーは「手打ち」の人か、古典的フッカーだと、結論できる。

Part 6

スウィングの肝になる「2つの円軌道」

AとBの軌道はまったく違う

セットアップ時に腕は真下に降りている
そこにあるのが「Aの円軌道」

松山英樹プロの上腕の角度が撮影された写真を確認してほしい。上腕はほぼ真下に垂れている。その位置でグリップしている。当然クラブのシャフトと腕にはアングル（角度）が生まれている。そのアングルはテイクバックからダウンスウィング、そしてフォローまでほぼ維持されたままにスウィングは始まり、終わりを迎える。この真下に降りた上腕から下肢、そして手首。この位置が理解され、また維持されてヘッドがテイクバックからフォローまで移動する。その軌道をAとする。それが前のページの画像におけるAの円軌道となる。このAの面はスウィングの途中で変わることがなくほぼ垂直に近い円軌道を描く。つまりセットアップしたフェイス面の方向が胸から見て、寸分変わることなく移動し、軌道の中でコンタクトしエネルギーを与えられたボールはターゲットを射る。これによって「ゴルフはアーチェリーに似ている」が実現される。

手（Aの軌道）は身体に近く通るのがベスト

「当たり前」が難しい。手（グリップ）は身体の近くを通れば、ヘッドスピードは最速となる。よく考えれば「当たり前」のこと。軸を中心とした円軌道の中心に近いほど360度の円周を短い距離で周回できるのだから、身体の中心に近いスペースを手が通れば、シャフトの先端にあるヘッドスピードが上がることとなる。なのに、この理屈は意識としては理解しづらい。なぜか身体から遠いところを手が通過したほうが、「楽だし」「ヘッドスピードが速いように感じられる」……、となる。あるいは前述したようにドライバーなどの長いクラブのヘッドの軌道を手でなぞりたくなっているのかもしれない。そこに大きな誤解が生まれているのだろうか。

先の図の「2つの円軌道」（グリップの移動する円軌道・ヘッドが移動する円軌道）はスウィング軌道の合理的ラインを指し示している。これが正しく理解されるとヘッドのボールへの入射角度も安定し、同時にサイドスピンの掛からない直進性の高い球筋を実現できることとなる。

Aの軌道はトップで右肩の先端と重なる。「アップライト」と「フラット」とは?

テイクバックがAの軌道でゆっくりと捻転がなされていくと、トップ（肋骨が捻れた最終）で右肩の先端と手首の位置がほぼ重なるのがレギュラーと思われる。それよりも下に位置すれば「フラット」。それより上にあれば「アップライト」と考えると分かりやすい。それぞれに個性の範囲があるが、フラット気味なスウィングではヘッドがターンしやすく、フック系のボールが出やすくはなるが、ストレート系のボールは出づらく、方向性が安定しづらい。逆にアップライトな位置にトップが来る人のボールの方向性は安定する。あるいはフェード気味なボールが出やすい傾向がある。フェード系のほうが曲がる幅が少ない傾向があり、スコアは纏《まと》めやすい。ただ、ランの出る可能性は減るので結果として飛距離は落ちると言われる。このランを含めた飛距離についてはフェアウェイの硬さによるので、球筋と飛距離との関係を決めつけるのには異論がある。できれば右肩のトップに収まるレギュラーな軌道がおすすめではある。自分にとってのトップの位置についても「鏡の時間」で確認を繰り返すことをおすすめする。このトップの位置が安定したら、間違いなくスウィングは画期的に進化し、飛距離も同様に伸びるはず。ドライバーの飛距離もそうだが、2打目、あるいは3打目の飛距離と方向性が安定すると、ゴルフの組み立てが変わる。

Aの軌道がテイクバックの途中で消えた

セットアップの時点では両腕がほぼ真下に降りていたのに（松山英樹プロのように）、テイクバックの途中で分からなくなって、適当なトップへ。これが通例。具体的には左腕が地面と平行になったあたりから右肘が右脇から離れて空中散歩。糸の切れた凧のように毎回違った軌道になる。時には手首がターンしてフェイスが開いたり、時にはダウンスウィングで腕もヘッドもアウトからボールへ衝突したり……。

Aの軌道はゆっくりと眼で確認する作業が必ず必要。眼がいつもボールを凝視するのは分かるが、練習の時はテイクバックの時の腕、肘、脇、シャフトの角度、位置、そしてヘッドの向きなどは眼で確認する必要がある。これによってダウン軌道でも腕はテイクバック時とほぼ同様のAの軌道を通り、ボールにコンタクトできるはず。すると、ボールはフェイスに乗って、狙った方向に、思い通りの高さと球筋でグリーンへと飛球し、適度なスピンで止まる……のだ。この右肘と右脇の連動、及びハンドダウンのままにヘッドがボールを捉えられる軌道は理想であり、この後でも何度か触れざるを得ない大事なポイントとなる。

ダウンスウィングでのAの軌道を探す

Aの軌道が分からない、行方不明になるのはダウンスウィングにおいてだ。テイクバックはなんとか右肘と右脇腹の緊張感を維持しようとすれば、そしてセットアップ時の腕とシャフトが真下に垂れているのかを確認すれば、なんとかなる。それが一旦上がったトップから切り返してダウンスウィングに入ろうとすると「どこだっけ?」となる。結果としてシャフトもグリップもヘッドもアウトからボールに衝突（ほぼダフるけど）する。もちろんボールは低く地を這うようなことに。

Aの軌道でのダウンスウィングでは

トップから右肘を右脇にくっつけるように引きつける。もちろん腰の回転を忘れてはならない。感覚としては「グリップは上から下への上下運動なのにシャフトだけが地を這うような低空飛行に入った感覚」だ。右肘を右脇に引きつけようとする時、もちろん右手首とシャフトのアングルは維持したままだ。この手首がリリースされてしまうとヘッドは地面にぶつかってしまう。なんとかこれも鏡の時間で「縦振り感覚のAの軌道」と「少しフラットでボールへの入射角度が穏やかなBの軌道」を画像として理解、徹底してほしい。このAとBの軌道の違いが理解されるとゴルフに革命が起きる。このポイント（2つの軌道）についてはいろいろな角度から論述し、理解を徹底していく。

「横振りなのか」「縦振りなのか」という議論

結論から言えば、A、つまりグリップの軌道は「縦振り」に近く、B（ヘッド）の軌道は「少し横振り」に近くなる。ご理解いただけるであろうか？　ちょっと混乱する。ではカはどちらが入りやすいかと問われれば「上から下」がシンプルで力が入るし、簡単。なのでAのグリップの軌道は簡単な軌道で、力も入りやすく、結果として加速もしやすい。で、先ほどの腕とシャフトのアングルさえ維持していられれば、Bの軌道、つまりヘッドの軌道では多少横振りになるのでボールに対して入射角度は柔らかくなり、横からヘッドがボールを乗せてくれることとなる。繰り返し迷いが消えるまで「鏡の時間」でクラブの代わりに物差しでも持ち、確認してほしい。

AとBの軌道、それぞれを維持、意識するためにとても大事なポイント

繰り返しになるが……。私の観察によれば多くのアマチュアは「ボールに近く立ち過ぎ」。なので、巻頭で説明した前傾角度もボールに近く立ち過ぎれば、自然とグリップは上に引き上げられて、グリップとシャフトの本来維持しなければならない手首とシャフトのアングルが伸びてしまう。するとAの軌道と、Bの軌道が混乱する。特にアプローチウェッジなどの短いクラブになるとその傾向はより強くなる。ドライバーならダウンスウィングで苦しくなる程度だが、ショートアイアンになるとボールに近く立ち過ぎた結果、ヘッドのヒールが浮いて、トゥが地面に早く触れる。（前述しているように）もちろん芝にヘッドも引っかかる。ボールの方向は定まらず、その上距離は確実にショートする。ドライバーでもショートアイアンでも。どちらも「ボールに近づき過ぎてはダメ」。正しい距離を保つ必要がある。では「正しい距離とは？」と問われて窮した。各個人の身

長、脚の長さ、そして可能な前傾角度によってても違ってくる。そこは自らの繰り返しの練習で、もっともスムーズにAの軌道でスウィングがしやすく、Bの軌道を維持できる距離を経験則で求めるしかない。と書いたが、基本的に多くのアマチュアはボールに対して近いのだから、数センチ、なんとかいつもより遠くに立ってほしい。それだけでダウンスウィングの時の右肘が通過できるスペースが見えてくる。すると何よりヘッドが面を狂わすことなくボールを捉えることが可能になる。

スウィングの「ガイド」について

釣り竿の糸はリールから竿の先までの間でガイドと呼ばれるリング状の穴を通して投げられる。このガイドはまさに仕掛けと糸の行き先を教えてくれるガイド（案内人）の役目を担っている。ならばゴルフスウィングにおけるガイドはどこか？　それは右肘と脇腹の密着したあたりだ。この2点が密着することによって、右脇が締まり、面を感じられ、軸が現れる。その軸を回転させられる。すると軌道は安定する。その結果としてボールの芯をヘッドは毎回狂うことなく捉える。それがゴルフスウィングにおけるガイドだ。これも是非、「鏡の時間」を利用して確実に理解を深めてほしい。

シャフトの先端のヘッドが描くBの円軌道

もう少しBの軌道について触れておく。Bの軌道は写真で分かる通り、Aに比べるとほんの少しフラットになる。またクラブによってその角度は変わってくる。ドライバーでは分かりやすいが、ショートアイアンでは分かりにくくなる。ただ、床にボールを置いてショートアイアンを手に持ってシャフトの角度をいろいろと変えて、ボールにヘッドがコンタクトする入射角度を間近で確認してみるとBの軌道がいかに大切で、本来のヘッドの機能を使ってボールを捉えるにはBの軌道でなければならないことが理解される。ボールはアイアンヘッドのヒール側からボールにコンタクトされれば、しっかりとフェイス面に乗っていくことが分かる。是非ともお試しを……。

テイクバックで注意するべきいくつかの点

テイクバックの初動がまず難しい。「停止」から「動」への瞬間、誰もが緊張が生まれる。その時の意識は「速く動かしたい」だ。で、手だけが動いてしまう。これが良くないと言われても、動いてしまう。それだけならまだ許されても、多くのゴルファーは手首をローリングさせる。つまり、手首の関節が右に折れるのだ。この瞬間、ヘッドは大きく「動く」。ただこれまでもくり返し指摘したが、この瞬間にフェイスは大きく開いてしまう。つまり軌道から外れるのだ。つまり移動する。なのに多くのゴルファーはこの動きを「良し」としている。なぜなら「動きが速い」からだ。この初動ではすでにフォローのイメージが頭を支配しているので、ヘッドが速く動くのは「善」となっているのだ。この「速く動かしたい」はスウィング破壊の張本人なのだ。このことはなんとしても理解徹底してほしい点だ。

究極の疑問
「ゴルファーが意識するべき軌道とは『A』それとも『B』?」

これまで「軌道」と何度も記述してきたし、読者諸氏もなんの疑問もなく、読まれていたはずだ。話を蒸し返して申し訳ないが、「軌道はどこか?」。どこの線が軌道なのか? 前述でAとBという2つの曲線(円)が登場した。そのどちらなのか? 意識するべき「軌道」とは。この答えがもしかするとゴルフの難問(混乱)を解決してくれる決定的なアドバイスかもしれない。すでに巻頭から170ページ以上も経過した今、それを書くのか? もっと最初に書くべきだ、との指摘を受けそうだが、そこは「悩みの沼」に一度はハマっていただかないと、言葉の深さもありがたみも生まれない。スウィングに悩まずして進化も進歩もない。ついでに言えば、「目から鱗」も落ちない。

で、「結論はAだ」

手が、グリップが通る円が軌道Aだ。これでいくつもの疑問が解決してくる。考えてみれば、手は身体の一部なので「意識下」にあるが、ヘッドはシャフトの先端に付いているので、意識から遠い。その遠いヘッドを意識下に置き、コントロールしようなど、常人には不可能。よって、手が通るAの軌道のみを徹底して意識下に置く。つまりコントロールする。それで十分。

Aのみを意識しているうち、自然とAの軌道がブレずに安定してくるとAとBが面として感じられてくる。ゴルフクラブの移動する軌道が軸を中心にした面の動きのように感じられたら、もうハンディキャップインデックスは5が見えてくるはずだ。

2つの軌道が連動して「面」を感じられる瞬間

Aの軌道が完全に安定して感じられ、理解され、実践されてくるとAの軌道が

Bの軌道をコントロールしていることが体感される。つまり、Aの軌道を移動しているグリップとBの軌道を移動しているヘッドがシャフト、肘、脇、肩甲骨、腰などと繋がって、「面」を感じられてくる。これが感じられるのがゴルフスウィングの一つの段階をクリアした瞬間となる。大袈裟に言えば打つ前に着地点が見えるのだ。あとは風や、感情、欲望などの不確定要素の影響だけ。その延長線上にある感覚、それがプロたちの世界なのだろう。

Bの軌道は横振り、Aの軌道は縦振り

誤解を怖れずに言えば、そういうことになる。AとB、縦と横。これでスウィングの迷いは消える？　深い理解を。

手が通る「A」の軌道はほぼ縦振り。「B」の軌道を通ったヘッドはボールを横から捉えていく。それが理想となる。

スウィングが怖い。増殖する「恐怖」

テイクバックは怖くはない。何より「恐怖」が増殖するのは「ダウンスウィング」。「ボールに上手に当たるのか?」と、その時の恐怖はやはり「衝突」のイメージなのだ。もちろん衝突だから、「痛い」のではとか、恐怖を煽る要素はある。しかし、相手は土だし芝だからさほど硬くはない。何より問題は「直線的」なイメージだ。上から降りてきたヘッドがボールではなく、芝や地面にぶつかるイメージ。だから「怖い」も生まれる。つまり「直線」が「衝突」のイメージを増幅させている。スウィングの軌道が「円軌道」であることを、自分自身が信じられれば一気に恐怖心は軽減される。緩やかな円軌道はボールの最下点に向かって走り、ボールを上手にフェイスに乗せて目的のポイントに、適度なスピンを効かせて運ぶ。グリーンに、芝に着地したボールは一度地面に弾んだ後、スピンが掛かり少し転がってから落ち着いて止まる……。

この先のページではいかに正確な円軌道を描くのかについて考察していく。

Chapter 4

実践編

今日からこうして練習する

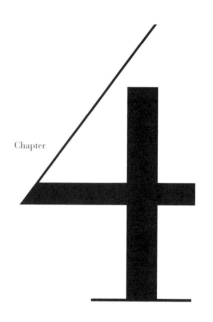

Part 1

ボールを運ぶ。けっして打たない

繰り返しですが「インパクトを忘れて」

前半ではこの単語「インパクト」を悪者扱いしながらくり返し登場させてきた。あまりにも大事なことなのでここで再度登場していただく。

「運ぶ」「叩く」「強打する」「飛ばす」……。単語表現によって随分とスウィングのイメージが違ってくる。正解はあくまでも「運ぶ」だ。遠くへ飛ばしたい時でも「遠くへ運ぶ」で充分。もちろん状況から強いスピンを掛けたいとか、どうしても手前の木の上を越えたいとか、特別な理由がない（インテンショナルでない）限り、「強く叩く」や「高く飛ばす」はない。あくまでも「運ぶ」あるいは「ヘッドに乗せる」と考える。「インパクト」と聞いただけで、上半身や二の腕に力が入ってくる。じゃあ「ゆっくり振ればいいのか？」と問われれば「それでは飛ばないだろう」となり、答えに窮してしまう。「インパクト」という単語の弊害は「ヘッドがボールにコンタクトする瞬間」にイメージがあり、その先のイメージが失われていることだ。そこが何よりの問題と思っている。つまりスウィングイメージに「断絶」がある。インパクトのその先がなく、ただヘッドがボールに衝突する瞬間だけが頭に描かれる。つまり「強い衝撃」だけがプレーヤーに印象付けられてしまい、結果としてフォローに向かって加速するスウィングの軌道のイメージが失われる。と同時に、もう一点の弊害は軌道が「最速降下曲線」ではなく、直線になりがちにもなることだ。瞬間の衝突を求めるあまりに軌道が直線になり、円軌道などまどろっこしく思われてくる。やはり、どこまでも飛ばしたい欲望が体内から溢れ出したとしても、あくまでも「円軌道で加速したヘッドがボールを乗せて運ぶ」を追求していく。それしかない。ぶっつけゴルフに進化は望めない。その上「インパクト」の強いボールは回転数が増えて、吹け上がる。よって初速はあるものの結果として飛ばない。強く叩いているのになぜか飛ばない。で、暫《しばら》くすると「僕は飛ばない」と自らに課された運命、あるいは原罪かのような発言になる。でなければ「クラブが悪い」となって散財に走る。それもゴルフの楽しみの一つとわきまえればそれも良いのだが。

もっとも大切な「短いアプローチ」まずは15ヤードから

２５０ヤードを飛ばせるよりも、たった15ヤードを正確に毎回寄せられるほうがスコアメイクにはなる。なおかつ15ヤードを適度なスピンを掛けてカップに寄せる、その技術を習得できると、ショートアイアンはもちろんのこと、シニアにとっても役に立つユーティリティも正確性が増す。さて、その15ヤードのアプローチの中に「スウィングの肝」とも言える要素があった。

正確な円軌道

15ヤードなら何をしてでもボールを転がせそうに思えてしまう。しかし、いつでもプレーヤーの意に沿った球筋と距離を出すには毎回正確なリズムと軌道が必要。それも正確な「円軌道」が。でも、よく観察すると多くのプレーヤーのテイクバックの軌道は円ではなく、直線に近くなってしまっている。15ヤードだからさほど大きなテイクバックは必要ない。だから「手上げ」になりがちだし、直線でクラブを上に上げてしまう。もうそこで「円軌道」とはお別れしている。結果的に上から下への衝突が起きて、プレーヤーが求めていた飛球線ではなく、強く、低く、勢いの良い、コントロールから外れた行方知れずのボールが出る。なかには無理矢理わざと直線的に上げてヘッドをボールに衝突させスピンを掛けようとする「昭和のスタイル」（古い）の方も多く見うける。俗に言う「ぶっつけ」だ。芝のライが強い逆目など想定外の状況は別にしてあくまでもボールはヘッドに乗せて運ぶ、が基本。と、分かっていても短いアプローチだと軽く手上げの悪い癖が出て、トップやダフりが出る。しっかりと下半身を落ち着けて、ゆっくりと……。この短いアプローチで、落ち着いて身体全体を使った円軌道が描けるとスウィングは飛躍的に進化、成長、上達するはずなのだが……。

どんなに短いアプローチでもヘッドは加速する

そう、加速する。もう一点。テイクバックは必要最低限で良い。多くのアマチュアは15ヤードも40ヤードも同じくらいの高さまでテイクバックしている。で、ダウンスウィングで手加減して距離を調整しようとする。それではダメだ。スウィングの基本は「振り子運動」なのだから常に加速する。いつでも、あくまでも、あらゆる時「加速する」。ゆっくりのスウィングでも加速する。ゆっくり加速する。もちろん「ゆっくり加速する」のだからテイクバックはある程度の高さまで上げたい。それも「可」。ただ上げ過ぎてはいけない。この「ゆっくり加速する」ができたら同伴者に「上手いね……」と嫉妬まじりに羨ましがられるはず。

Part 2

長さの基準と「L字」

左腕が「長さの基準」になる。ボールは直径4センチ強。そのボールをフェイスのスコアラインの下から2本目あたりにコンタクトさせたいのだから、当然長さに基準がなくては無理な話。と同時に、正確な円軌道なくして毎回ナイスアプローチなどできるはずもない。と、分かっていたとしても、短いアプローチで毎回正確にヘッドをボールにコンタクトするのは難儀なこと。だから練習場ではこの短いアプローチに時間と球数を割《さ》いてほしい。15ヤードのアプローチでの球筋を高くしたいのか、低くスピンの掛かったボールにしたいのかはスタンスとボールの位置によって基本的に変わってくる。両脚の真ん中あたりでアプローチすればある程度高く球筋は描かれ、スピンした後に少し転がって止まる。ボールを右脚寄りにセットすればヘッドの入射角度は円軌道でありながらも、多少角度が鋭角になるのでボールは低く出てスピンが掛かり転がってから止まる。これらのアプローチでもっとも難しいのは「落ち着いた下半身の維持」だ。ティーイングラウンドでのドライバーショット以上に15ヤードのアプローチでは落ち着いた下半身が大切なのに、緊張からかどうしても上半身に力が入ってしまいがち。すると「円軌道」のテイクバックではなく直線的に鋭角にテイクバックしてしまい、そのままヘッドがボールに衝突してしまう。

ゆっくり、どっしりの、下半身のセットアップこそ日頃の練習で習得するしかない。たった15ヤードのアプローチの中に「落ち着いた下半身」「左腕をしっかりと伸ばした長さの基準」「下半身の上に乗る上半身を軸とした捻転」「小さいけれど焦らずに正確な円軌道を描く」「腰の切り上げによるダウンスウィングへの加速」などスウィングの大切な要素がある。

このL字がスウィングの基本だ

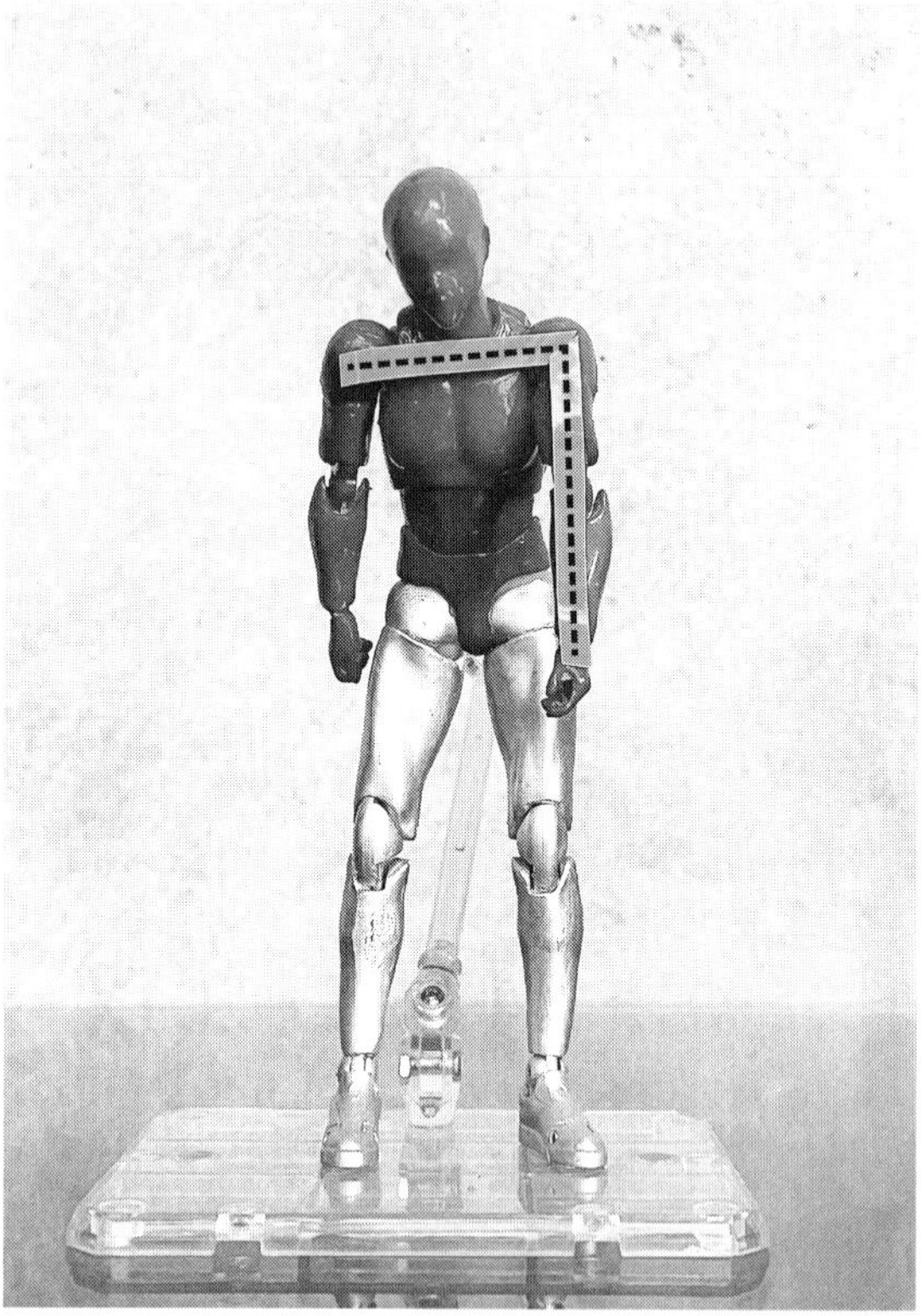

長さの基準と捻転を同時に実現するL字

右ページの模型の胸から左腕に貼ったL字のテープ。このL字がスウィングの基本のパーツと考えている。このL字になった胸、あるいは肩甲骨、あるいは肩の線と左腕（長さの基準）を1つの固定されたパーツと考え、捻転、ダウンスウィング、そしてフォロー、肘を折ってフィニッシュへと、スウィングがゆっくりとスタートし、最後は勢いよく加速され、首に腕が巻き付くようにフィニッシュが取れ、ボールがターゲットへ飛んで行き、着地し、停止したら、言葉では言い表せないほどの満足感が溢れてくるのだが……。いつでもこのL字を意識する。このL字が身体に付随するパーツと捉え、それを自分の筋肉で、下半身で、回転させる。まるで自らの身体の中にロボットのパーツが仕込まれているような、そんな錯覚。ロボコップじゃあるまいし……。でもそんな意識。これが大切な「長さの基準」だ。

テイクバックから加速する

30ヤードになると15ヤードに比べて少しショットらしい動きが必要になってくる。クラブを振る感覚が出てくる。ただし、ここでも速すぎる身体の動きに注意しなければならない。「速いスウィングは誤魔化しの宝庫」になりがち。できればこの30ヤードをできるだけ柔らかな、ゆったりとしたスローモーションのような動きでスウィングを実現したい。

たった30ヤード。本当に、できるだけゆっくりとしたスウィングで挑戦してみる。このスローモーション・スウィングで自らのスウィングの弱点が如実に分かる。身体を動かす順番と、スピードをコントロール。スローモーション・スウィングでは誤魔化しが利かない。可能な限りのスローモーションでスウィングする。前傾角度の確認。本当にゆっくりとL字を意識し、両脇を少し肋骨に沿わして、腕は下に垂らして、手首とシャフトのアングルを維持しながら左腕を伸ばして捻転の開始。シャフトが地面と平行になったくらいで捻転は充分。そこから左骨盤の先端が後方に引き上げられるようにして下半身を切り上げ、それに釣られてダウンスウィングの加速が始まる。もちろん体重はダウンスウィングの始まる前に左脚体重に。そのまま加速に乗っての振り子運動。そしてフィニッシュ。ボールは落ち着いてカップ近くの30ヤード先へ。

グリッププレッシャーとダウンスウィング

もう一点ダウンスウィングで重要なのはグリッププレッシャーだ。テイクバックしたトップからいつもより軽くグリップしてダウンスウィングへ。ヘッドの先端の重みが感じられて、加速するヘッドが体感できる。このグリッププレッシャーについてはいろいろと意見の分かれるところでもあり、またヘッドの向きの維持管理という視点での理解もあるので、詳しくは後述する。まずはボールを打たずにクラブだけを握ってスウィング。重く感じられているクラブを引っ張る。するとあのブランコのように加速しながらヘッドが落ちてくるのを体感できる。もちろんグリップを柔らかくすれば当然「円軌道」の中で「慣性」が働き、ヘッドは自然に円を描く。グリップを軽く握り、クラブの重さを感じつつも、フェイス面を安定させられるだけの右手首のアングルの維持。このバランスが難しい。まずは失敗を怖れずにクラブの重さを感じて引っ張る。そこ！　このグリップの強弱のバランスにゴルフスウィングの大切な感覚が隠されている。ゆっくりとした捻転。そこからの重さを感じながらクラブを引っ張る……。正確な円軌道でのテイクバック。

下半身の効用、再論

シルバーに塗色された模型の下半身を思い出してほしい。この30ヤードのアプローチで大切なのはやはりこのシルバーの下半身になる。どっしりとまるで足裏から地面に杭が刺さったように、微動だにしない下半身があってこそ、ゆっくりと静かな、落ち着いたテイクバックが実現される。その時の捻転は手ではなく、肋骨、肩甲骨で、ゆっくりと身体を捻る。そして必要かつ充分なテイクバック（小さなテイクバック）からまたゆっくりとダウンスウィングに入って、ボールのある場所を通過するヘッドはボールを一瞬フェイスに乗せて、適度なスピンを掛けて、30ヤード離れた目的の地へと放っていく。落ち着いた飛球線。適度なスピンで、ボールはまるで意志を持っているかのようにしてカップ近くで止まる。

この30ヤードのアプローチはスコアメイクにとっても肝心となる。この30ヤードのアプローチに自信が持てれば、無理をしてパーオンを狙う必要もなくなる。むしろ、どこに2打で置いておければ3打目が攻めやすいかを考えられるようになる。この段階でほぼシングルプレーヤーになっている。

「振り子運動」は自然とできてしまうもの……

レッスン書にはゴルフにおける「振り子運動」を複数箇所で行うと説明しているものもある。私は「馬鹿だな！」と思う。どうして話をややこしくするのか？どうしてゴルファーを混乱させるのか？　理由は簡単。その解説を書いているプロ、あるいはライターはすでにゴルフを習得しているからだ。つまり、下手の気持ちが分かっていないのだ。こんなコメントがある。「振り子運動には肩、肘、手首の3つがあり……」。おそらく3つ目の「手首の振り子」とはダウンスウィングによる「タメ」を表現しようとしているのだろう。ただしスウィングは瞬間のモーメント（回転軸を中心とした力学による運動）による運動なので、人間の意志でコントロールできるものでもない。肝心な部分のみを覚えれば、あとは「慣性」が自然とやってくれる。いつでも加速するスウィングさえ理解し、身体で覚えられればスウィングは「慣性」まかせでナイスショットの連続になるはず。私は、できるだけ単純化して覚えるべきだと考えている。「3つ目の振り子運動」があるとしても私は覚える必要もなく、むしろスウィングを混乱させるだけだと考える。無駄は省く。すくなくともアマチュアは。

傾斜地での立ち方

コースでのアプローチは自然と傾斜地（左足上がり）が多くなる。この傾斜地にどう立つのか？　垂直に立つ。あるいは傾斜に沿って立つ。正解は後者が基本。実は垂直に立つ人も多い（マスターズ優勝者に贈られるグリーン・ジャケットを持つトレバー・イメルマンもそうだった）。するとテイクバックで上に上がったクラブフェイスはダウンで地面に衝突する（フォローの抜けがなくなる）。せざるを得ない。結果として強いボールがフェイスから放たれ、グリーンに着地する。十分な練習する環境があれば、このアプローチでも良いが、アマチュアにはすすめない。傾斜に対してはある程度は沿って立ち、芝面に対してヘッドを擦るように円軌道でボールを捉える。それが基本的な正解と考える。

思い出したい基本のこと。ビジェイ・シンの練習法

実はこのありきたりの練習にスウィングのもっとも大切な要素が含まれている。アーニー・エルスやタイガー・ウッズとも戦ってきたビジェイ・シンはいつも両脇に手袋を挟んで胸をゆっくりと捻転し、胸が90度捻転されたところから、またゆっくりと捻り戻す練習をしていた。彼は両脇に手袋を挟んだままでウェッジやアイアン、仕舞いにはドライバーまで同じようなショットを見せた。ここで肝心なことは、両腕は途中、両脇、あるいは肋骨、骨盤からさほど離れることな

くスウィングは実行されることを身体に、頭に染み込ませるための練習法なのだ。これまでにも説明したが、身体の中心から腕や手首はあまり離れないほうが、つまり身体になるべく近いところで回転運動（小さな円を描ける）したほうが、スムーズにヘッドスピードは上がるのだ。

クラブを持たずにこの練習を

両脇をピッタリと身体に密着させての捻転（両脇にグローブやタオルを挟んだりすると分かりやすい）。この運動を繰り返すことによって初めて「身体の捻転」が体感される。捻転によって「振り子運動」は可能となり、同時に下半身の使い方も分かってくる。下半身の地面への密着（安定）も理解され、また頭を動かさずに腰を「切る」も徐々に可能となる。

もう一点。多くのゴルファーは腕に強い意識があるが、この練習を繰り返すことによって、スウィング時の意識を腕から身体に移し、身体の中心を意識できるようになってくる。これがとても大切。次に両掌《てのひら》を胸の前に置き、先ほどと同様に胸を捻り、また捻り戻す。これを繰り返す。この運動を最初は真っ直ぐに立ったままで行い、徐々に鼠蹊部から前屈し（臀部を突き出し）ていく。この練習で、初動で捻られた上半身を下半身の回転で「捻り戻す」を意識していく。この運動を繰り返すことによって、「上半身」「下半身」の2つのパーツに分けて自分の身体を意識できる。これは「スウィングは振り子運動なのだ」と、身体が理解するためには欠かせない意識の変革となる。ただクラブを握っていくらボールを叩いても上達など望めない。

ここがダウンスウィング最大のポイント

この写真は2つの重要なポイントを指し示している。一点は腕とシャフトのアングルの維持だ。前述の2つの軌道におけるAのグリップ（手）の軌道とBのヘッドの軌道はこの腕とシャフトの角度の維持によって実現される。この角度の維持はセットアップからトップ、そしてダウンスウィング、フィニッシュまでの全てで維持されていく。この見本としてはやはり松山英樹プロがもっとも好例でもあるし、画像データも豊富なので別途確認してほしい。もう一点は、これもくり返し述べた話だが、ボールと身体との距離を適度に離して立つことによって、この角度の維持も可能なることを言い添えておく。

ダウンスウィングで右脇からトップで少し離れた右肘は、この写真のタイミングで右脇に密着してくる。この動きによってAとBの軌道が維持される。

Part 3

フェイス面は閉じることも開くこともない

いつもこの矢印の先を意識する

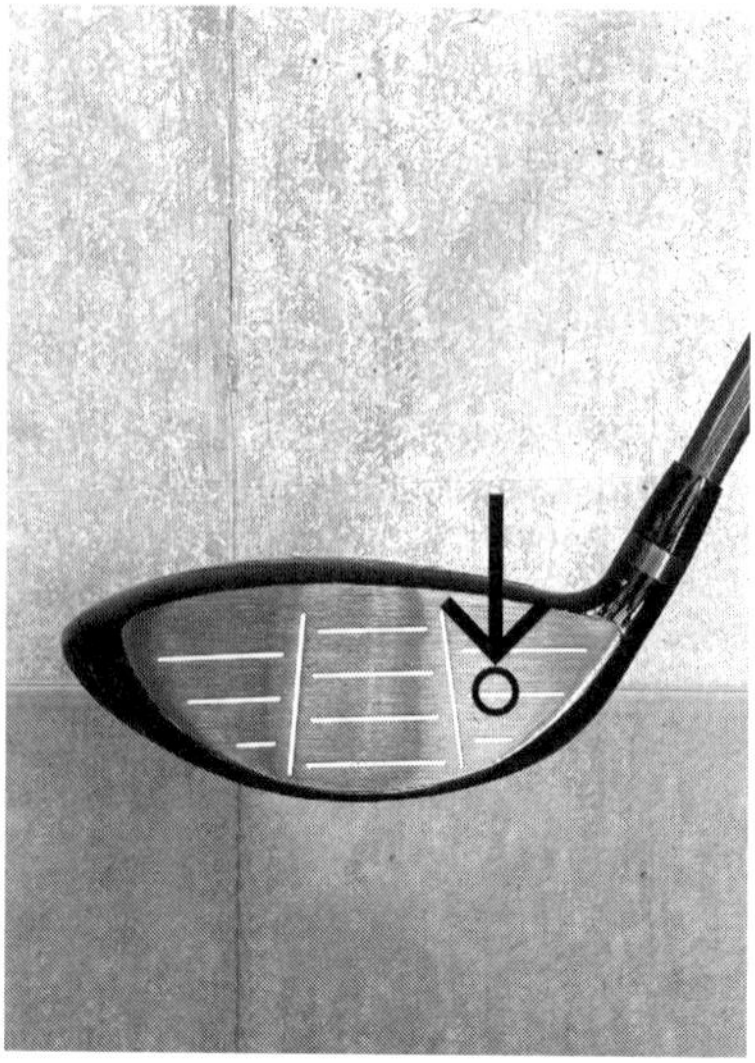

フェイスのどこを意識するのか?

2枚の写真はフェアウェイウッド、アイアンのフェイス面を撮影したもの。その矢印の先にはマルがある。これはクラブをグリップした時に、シャフトの延長線上のどこに意識を持つべきか?を指し示している。貴方はスウィングする時、フェイス面のどの部分を意識してスウィングしているのか? フェイス面のどこでボールとコンタクトしようと意識しているのか? 「特別意識していない」という答えが多いのかもしれない。意識するとしたら、フェイスのシャフト寄り、つまり少しヒール側、あるいは真ん中、あるいは先端側か? 正解はヒール寄りだ。けっしてグリップした時に曖昧な感覚でフェイスを見てはいけない。フェイス面のヒール寄りを意識してグリップすることによってヘッドの過度なターンが抑えられ、ボールにサイドスピンが掛かることが抑制できる。つまり曲がりにくい飛球線にボールは乗っていく。まずこれが基本。

フェイス面は閉じることも開くこともない

フェイスはスウィングの途中「開いて、閉じる」と考えるのは間違いだ。フェイスはスウィングの途中、身体の正面から見れば閉じることもなく、開くこともない。セットアップされたフェイス面はそのままにスウィングは始まりフィニッシュまでいく。頭の位置から見ると、フェイスは「開いて、閉じる」ように見えるが、胸の中心（軸）に視点を移せば、フェイスは開くこともなく、閉じることもない。それがよく分かる。だから今のプロたちは全くサイドスピンの掛かっていないストレートボールが打てるのだ（もちろん曲げようとすればフェイスをコントロールして可能）。その技術はけっしてプロだけのものにしておくのは勿体《もったい》ない話だし、シニア（私のようなグランドシニアも）を含めた全てのアマチュアが長くゴルフを楽しむためには、どうしても手に入れたい技術だ。

「ボールを捕まえる」とは

よく「ボールが捕まらない」あるいは「捕まっている」と言う。では「捕まる」とはどのようなことを言うのか？　これもゴルフ上達にとっては大切な疑問であり、正しい解答を知っているのか否かによってゴルフ上達の道が開けるのか、それとも断ち切れてしまうのかの分かれ道である。

答え「ボールは軌道で捕まえる」

多くのゴルファー（敢えて言えばハンディキャップインデックス20から15前後で悩んでいる方）はフェイスを「閉じる」ことによって捕まえようと考えている場合が多い。この考え方ではドライバーやミドルアイアンまではなんとかフック系のボールで誤魔化せても、アプローチに問題が発生する。つまり、フェイスがフォローで閉じるので、フック回転が掛かると同時にボールは低く出て止まりにくくなる。同時にユーティリティやフェアウェイウッドが苦手となる。芝の上でフェイスを滑らせながらボールを捕まえることが不可能になるからだ。

左足の位置、これが意外といい

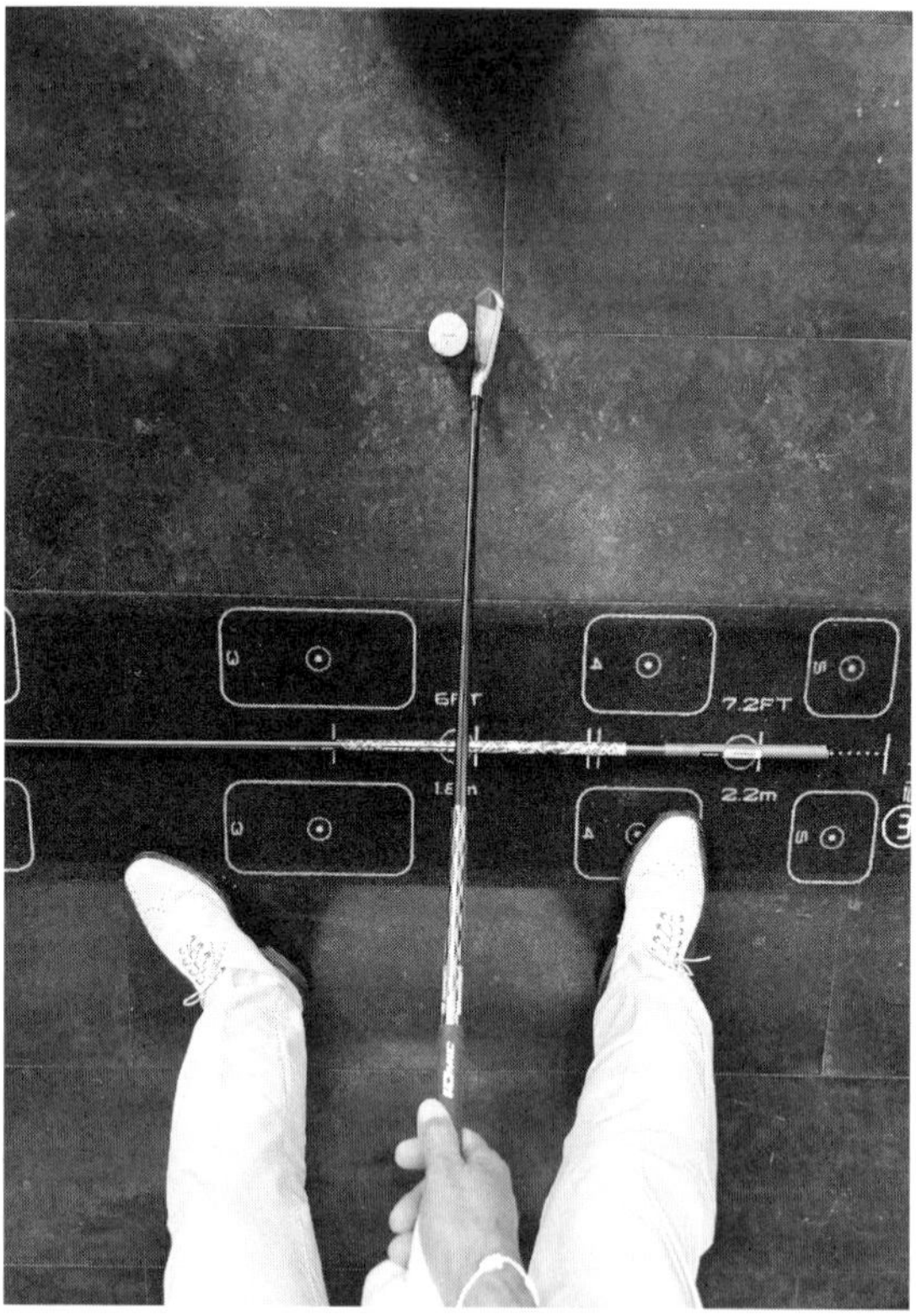

準備、予測(アンティシペーション)

前ページの写真の説明。

サッカーやスキーで「アンティシペーション」という単語を使うそうだ。意味は「次の運動のために事前に準備をする」そんなことらしい。ならばゴルフにおける「準備」「予測」とはなんだろう。と、考えた結果、前ページの写真のように考えて、私は実践している。具体的には左足をオープンに構える。ただし右肩はそのオープンスタンスにつられてオープンにはならない、しない。一般に言われるオープンスタンスとは違う。あくまでも左足だけをオープンにする。このやり方にも「トゥ（つま先）のみを開く」「左足そのものをしっかりと開き、あるいは右足のラインより少し下げる」の2つがある。

身体の柔軟性に自信がない人には

さて、その目的だ。多くのアマチュア、とりわけシニアの方はほぼ例外なく身体の柔軟性が失われている。「腰を切れ」「切り上げろ」と言われても、動かない。いや、どうしていいか分からず身体が反応しない。結果として腰は回らずに手が、腕がボールへ向かってしまう。結果としてダフる、ボールが極端な飛球線を描いて予想もしない方向に飛んでいく。そんな結果を避けるために「準備」。腰の回転の「準備」をしておく。是非とも「鏡の時間」に立ち戻って試してほしい。

驚くほどに腰の回転がスムーズ
吉田優利プロに近づくためのアイデア

左のつま先をオープンにする。その後、前傾姿勢を整え、ボール位置を見る。それだけで驚くほどに腰の回転のイメージが見えてくる。腰の回転の「準備」ができているので不安が消える。ただし繰り返しになるが、けっして右肩までをもオープンにはしてはいけない。あくまでも左足のみオープンにする。バンカーなどで推奨されてきたオープンスタンスと勘違いしてはいけない。あくまでも左足のみを開くことによって回転への準備（誘導）をしているのだ。胸はあくまでもターゲット方向に対して平行に立つ。この下半身だけをオープンにすると、画期的に左腰の回転がスムーズになり、右サイド（ダウンスウィング時の不安）の詰まりがなくなる。是非ともすすめたい技術（アイデア）だ。

応用力で解決する

まずはレンジでの練習に取り入れてほしい。その日によって腰の回転が詰まる日がある、そんな日の応急対策としても効果が期待できる。一点注意点を加えたい。テイクバックがアウトに出ることだ。それではカット軌道になってしまう。あくまでもスウィングはレギュラーでなければならない。

前述した吉田優利プロの素晴らしい腰の回転。「クラブは後からついてくる」をシニアでも実践するための有効なアイデアだ。スタンス、そしてボールの位置などの要素は「いかに合理的に円軌道ができるのか?」というシンプルなテーマに従って、想像力を使って対処する。あらゆる状況において、それこそが「単純こそが応用力に富んでいる」の証明になる。

繰り返しになるが……「もっとも大事なこと」それは「右肘は右脇に引き下ろされる」

ダウンスウィングのAの軌道で右肘が右脇腹に降りてきて、そのまま肘と脇がくっついたままに前傾している軸となる身体が回転できるのか？　それができれば理想の現代的なスウィングの完成。ただ、あくまでもこれまでに長々と記載されてきた理論をご理解いただいた上でのこと。なぜなら理論がないとまた悩みの沼に落ちるからだ。訳の分からない疑問が生まれ、その疑問への解答を自分で出すことができないと、沼にまた引き摺り込まれるからだ。

しっかりとした捻転が前提となる

手上げをしていてはこの右肘の右脇への引き下ろしはできない。あくまでも捻転からの解放による加速が前提となる。まずは、脇を締めてテイクバックし、ダウンスウィングで右肘をシューッと右脇に向かって下ろす。せいぜい40センチほど肘は肋骨に向かって移動する。その時すでに左腰での回転運動が起きているので右肘を下ろしながらも加速し、回転し、結果としてヘッドはボールを乗せてターゲットへと運ぶ。もちろん、これまで記述してきたようにグリップはAの軌道を走り、ヘッドはBの軌道を走っているので、ヘッドは捻れることなくボールを横から捕まえる。結果としてサイドスピンは掛からずに直線の飛球線を描いてターゲットへと飛ぶ。当たり前の結果としてボールはターゲットへ着地する。身体を回転させながら……。体重が乗ってシュッと捉える。気持ちよくボールは飛んでいく。低スピンのボールが……。ああ、なんと幸せの瞬間だろう。それができるともう本格的に「上手」の仲間入り。

コレはやるしかない。

Part 4

危ない話
「もうひとつの振り子運動」

「飛ばすためにはもうひとつの振り子運動を利用する」というプランがある。もう一つの振り子として言われるのが手首の動き。簡単に言えばダウンスウィングでシャフトの「タメ」を作る。具体的にはシャフトを立てて下ろしてきて、ヘッドがボールにコンタクトする直前に解放して初めて、シャフトが走るのだ。その手首のタメと解放に「もうひとつの振り子運動」がある。確かにそうかもしれない。しかしその振り子運動には「危険な要素」がある。フェイス面の暴れだ。この運動による結果は「素晴らしく飛ぶ」をもたらしてくれるが、それは同時に危険なチーピン（強いフック）スライスを呼び込むことにもなる。すすめない。

グリップエンド、右肘は、身体の中心に向かう

少し話を戻して、この肘の向きはどうするのが正しいのか？に答えなければならない。正しい答えは肘もグリップエンド（グリップではなくグリップエンドだ）も身体の中心、軸となる身体、その中心、背骨あたりと認識しても良い。その中心に向かうのが正しい。「Aの軌道はほぼ縦振り」と書いたが、正確にはグ

リップも軸に向かって走るのが正解。ただし軌道が垂直に近いので「軸に向かって」という角度は緩やかなものとなる。とは言え、軸にほんの少しだけ向かって引き寄せられればヘッドの軌道はBの軌道を描ける。

グリッププレッシャー（どの程度に握るのか？）

グリップエンドが身体の中心に向かって走る。すると今までにない感覚でヘッドが加速しボールを捉える。すると「バキューン」と劇画でしか聞いたことのないような音を立ててボールは空に放たれる。で、問題はその方向性なのだ。グリッププレッシャーを柔らかくすればするほどにヘッドスピードは上がる。しかし、フェイスの向き、角度などが保たれにくくなるので、ボールの方向性が落ちる。そこは感覚の世界だ。と同時に、コースの狙うべきポイントの広さにもよる。臨機応変な対応が求められる。ただし「柔らかくグリップしてクラブの先端の重さを感じてスウィングする」は大事だし、経験するべき要素となる。

身体全体のスムーズな流れ

ここでもう一度、ゴルフの技術を「点」ではなく「全体」を捕まえる、あるいは理解することを巻頭の注意として書いた。一点を強調する技術は間違いなく墓穴を掘る。また悩みの沼の住人となり、沼から脱出不可能となる。この「もう1つの振り子」は危険な側面がある。あくまでもスウィングの途中に「力瘤」のような力みがなく、スムーズなスウィングを理想とするべきだ。アマチュアの手本は力感のない女子プロのスウィングになる。

再録・グリップエンドは身体の中心に向かって走る

クドいようだが、繰り返す。グリップエンドは身体の中心に向かって引き寄せられる。このことさえ理解してしまえればゴルフはほぼ完成する。考えてみればごくごく当たり前の話なのに……。軸があり、軸を中心にした振り子運動があるのだ。と考えればグリップエンドは軸に向いているべきだ。それなのにテイクバックで、視線から外れ、行方不明になる。あとは、芝の上にボールがあり、目的は「遠くに飛ばしたい」なのだから、ヘッドをボールにぶつけようとしてしまう……。下手の始まりの理由はここにある。しかし、軸を中心とした振り子運動なのだから、グリップエンドはダウンスウィングに入ったら身体の中心に向かって「寄る」「走る」「引き付ける」のだ。この運動をやってみると実はわかりやすい。前傾角度ができていれば、いとも簡単に身体が回転する。左足つま先のオープンがなされていればなおさらのこと。その時に手首を柔らかくすれば、ヘッドスピードは上がり、面白いようにボールの飛距離は伸びる。あくまでも静かで、スムーズなスウィングを理想とする。このグリップエンドを軸に向かって「寄せる」「走る」「引き付ける」の技術はアプローチからドライバーまで全てに使える技術だ。

「振り子」「軸」「前傾角度」「出っ尻」「2つの軌道」「最速降下曲線」などのこれまでくどくどと記述してきたことはこの「グリップエンドは身体の中心に向かって走る」を真に理解するための下地となる話であった。

ティーの高さについて

まずはショートホールでのティーの高さについて。アメリカのプロツアーでのティーの高さについて観察していた。意外とショートホールでのティーが高い（芝から7ミリほど）プレーヤーが多い。もちろん低い人もいるが、低い人は概してヘッドを上からボールに衝突させるようなスウィングの人が多く、フォローが小さくなる。逆に多少ティーが高めの人のスウィングは美しい円軌道をヘッドが描いて、フィニッシュでシャフトが首の後ろに巻き付いている。こちらがアマチュアにはおすすめだ。同様にドライバーにおいてもティーが高い、低い、があるが、これについては一概に言えない。コース上でいろいろと試して、どの高さのティーアップが自分にとってやりやすいのか、試しておく必要がある。これは飛球線の高さとも関係しているし、その時の風向きにもよる。まずは無風状態での自分にとっての振り抜きやすいティーの高さを正確に検証しておく。このティーの高さも自己分析の材料となる。

どうしても飛ばしたい！

飛ばし屋の同伴者から影響を受けて無茶振り感染症に罹ってしまった。スタートして2ホール目には無茶振り大魔王に自分が変身してしまっていた。じゃあ、どうする。知らぬ間に身体が反応してしまっている。理性的に「ゆっくり、丁寧に……」なんてダメ。無理。そんな場合の秘策は？

ボールの50センチ先、フォロー側にボールがあると想定して振る

もう罹患者なのだから「ゆっくり、丁寧に」は理解不可能。そんな場合がある。よく効く治療法は「ボールは50センチ先にあるのだ」と暗示に掛けて振る。これだ！　ボールの位置より先に最大のインパクトを作っているから、ボールの位置ではまだ加速中になる。これで相当にインパクトは柔らかく、またボールの位置をヘッドが通過する時点では「クラブを引っ張る力」が働く。結果として

「思いのほか、飛んでいる」が実現する。それを繰り返しているうちに、フォローに向かって走るヘッドと、シャフトの撓り感が掴めてしまうかも。効果的療法のように思える。

どうしても飛ばしたい！グリップエンドという視点からスウィングを見直す

軸を中心にした振り子運動なのだから、「グリップエンドは身体の中心に向かって走る」。これは考えてみればごくごく当たり前の話のはず。しかし、それを強く意識してスウィングをしているアマチュアは極稀《ごくまれ》だ。なぜなら、ヘッドをどうしても注視してしまうし、また「ヘッドを速く動かして、ボールを捉えたい」と考えてしまうからだ。そこで、ゆっくりとスローモーションでグリップをダウンスウィングで身体の中心（軸）に向かって引き寄せてみる……。すると不思議なほどにスムーズにヘッドはボールのあるであろう場所に向かって走り、加速し、そのボールのある場所を通過する。結果としてヘッドはボールを正確に、素早く捉える。しかし、実はそう簡単ではない。ヘッドを意識し過ぎると、時にスウィングが壊れる。そして無駄な動き、不合理な運動になる。具体的には下半身の動きが止まってしまうのだ。残念なことに意識が一点に集中すると、他の場所（身体の部分の動き）、あるいは経験によるイメージや、意識さえもが失われる。ただし、諦めてはならない。下半身の動きに従い、腰の切り上げによる回転が生まれたのなら、このグリップへの視点はスウィングを合理的、かつ完成度の高いスウィングを求めるには必要不可欠なのだ。グリップの動きに注目し、そして検証し、「軸を中心にした振り子運動」を研究するべきだ。

このあたりになってくるとスウィングも完成に近づいてきている。個性もあるし、身体的な特徴もある。そろそろ独自のスウィングを作り上げる必要が生まれている。

繰り返し語られてきたAの軌道において「グリップエンドは身体の中心に向かって走る」が実現し、また無理なく、安定したのなら、確実に飛距離も伸び、また安定する。そろそろ本物の「上手」の仲間入りが見えてくる。

やっぱり「振り子」が大事。飛ぶし、曲がらない。自分の身体でどう「振り子運動」を起こすのか？

理屈がわかってもできない。その最たるモノが「振り子運動」かもしれない。それでも稀にできる。すると不思議な感覚があり、ボールは飛ぶし、曲がらない。手を使ってボールを叩いている感覚と全く違う、スピードと軌道、そして打感。これが「厚いアタリ」というモノに間違いない。誤解を怖れずに言えばパッティングでもある。そこは後述することにはなるが、パットでもテイクバックで微妙に手が先に動く。するとダウンスウィングも手が動いてしまう。しかし肩の、肩甲骨の、肋骨の「振り子」でパットができた時には、理想の「ゆっくりだけど、しっかりとした順回転」でボールが揺れることなく、真っ直ぐに線を引くようにカップに向かって転がる。さて、この肩、肩甲骨、肋骨による「振り子運動」をいかにしてショットでも実現するのか？　先ほどのビジェイ・シンの両脇を軽く密着させた練習法はまさにこの振り子運動をできる限り毎回実現するためのメソッドなのだ。

左肩を押し込む。これで「振り子運動」が生まれる

いざコースに出て、ティーインググラウンドに立ち、遠くのフェアウェイを見つめる。あるいはセカンドショットでグリーンを見る。すると、スウィングのテンポが知らぬ間に速くなる。その結果として「手上げ」になる。もう手上げになったら振り子とは別物。あとは身体（下半身も含めて）の力ではなく、腕だけを振るしかなくなってしまう。

具体的に言えば右肩を意識していては捻転はできないし、振り子にもならない。なぜなら、身体の捻転ができないからだ。左肩を捻る。すると当然ながら右肩も押し込まれる。これで捻転が可能になり、捻り上げられた後に捻り戻しが起き、「振り子運動」が生まれる。パットでも同様だ。右肩の意識を忘れて、左肩

を回転させ、押し込む。これで振り子運動が可能となる。もちろんしっかりとした前屈による姿勢ができていることが前提ではある。技術論を忘れて、表現を変えて説明すると「振り子運動」は「揺らぎの運動」なのだ。身体の芯の部分を中心にしてゆっくりと「揺らぐ」。つまりそれがテイクバックとなる。それができてしまえば、あとは下半身のリードに任せてのダウンスウィングに。「揺らぎ戻し」が起きる。左肩を強く意識する。これを忘れてはいけない。

Part 5

パッティングでもう悩まない

パッティングは個性的でいい？

「パッティングは個性的なもの」というのが定説になっている。なので「習う」という発想が多くのアマチュアゴルファーにない。もう1点、昭和の日本のゴルフ場では高麗芝という目の強い芝がパッティンググリーンに使用されていて、この芝を攻略するために俗に言う「タップ打ち」と言うパターヘッドをボールに強くぶつける打ち方があった。その代表格が青木功プロだ。もちろんカップにボールが入ればどんな打ち方でも良いのだが、そこには技術が実はある。と言っても道具であるパターには、長さ、重さ、バランス、シャフトのトルク（捩れ係数）、ヘッド表面の硬さ、溝の形状……など果てしなくバリエーションがある。

実は1980年代の後半にパターは画期的な革命があった。そのきっかけを作ったのがアメリカのショートゲーム研究者のデイブ・ペルツ。彼は物理学者で完全な振り子運動が可能なパターを開発、そして発売。それはフェイスの後ろにボール3個分ほどの長さの尻尾がついたパターだった。完全な振り子運動が容易になり、完璧な順回転ボールが実現された。もちろん爆発的にヒット。それがアメリカとイギリスのゴルフの規則団体がルール違反として発売を禁止。しかし、それをきっかけにしてツーボールに代表されるようなマレット型と言われる革新的なパターが次々と開発された。思い返せば、これはつい最近のこと。

さて、パター技術の話に戻る。要は「感覚か、理論か」あるいは「叩くのか、転がすのか」どちらが正解なのか、ということになる。もちろんカップにボールが入ればそれで良いのだが……。「感覚」と言われると、なんだか特別な人だけに許された世界の話のよう。「理論」と言われると、これなら「できそうな」気にもなる。世界のトッププロの世界でもやはり、感覚ではなく理論の世界になり、またその理論の世界の中に「研ぎ澄まされた感覚」が見出されているようだ。

初動で逆回転するボール

パッティングにおいてはヘッドがボールに衝突した瞬間、ボールはある距離を逆回転して進み、それから順回転になりカップへ近づく。これは画像などでよく紹介されている。逆回転する距離をなるべく少なくして、順回転で転がるようにするのが今の世界の常識のようだが、週末のゴルフ場のパッティンググリーンではボールをヒットする人の多いこと……。

パットにおける振り子運動

2つ目の振り子運動がパッティング。この場合は長尺を除いたレギュラーサイズのレングスのパターの場合で説明していく。鼠蹊部からしっかりと前屈する。ショットと同様にちょっと出っ尻のフォームで。足裏をしっかりと地面に密着させる。左右に体重を揺さぶる。足裏が地面に密着する。すると上半身の力が抜ける。もう一度意識を上半身に移す。肩甲骨と背骨を意識。この繋がった上半身を1つのパーツのように考える。さて、両腕をどうするのか。そこはパターの長さにもよるが、自然に肘は折れて脇腹に沿うようになるはず。そうすると、肩甲骨、肋骨、両脇、それらの上半身を「軸」にしてブランブランと振り子運動が可能になる。けっして腕だけを、手首だけを動かすのではなく。それがパッティングの基本。下半身の上に乗った前傾した上半身が左右に揺れて振り子運動をする。その途中にあるボールにパターヘッドが衝突してボールが転がる。その時、ヘッドがボールに当たる瞬間、少しでもストロークを強めてしまうとボールはより逆回転が強くなり、ヒットするパッティングになってしまう。あくまでも振り子運動のスピードは一定。ボールはゆっくりとして落ち着いたスピードでカップに向かうイメージ。カップが多少遠くても、衝突ではなく、運ぶイメージで。私はそんな時にいつも「ゆっくり、しっかり」と自分に言い聞かせながらストロークしている。

パットのよくある悩み

パットのテイクバックは難しい。緊張が襲えば「ヘッドが揺れる」。揺ればボールにヘッドはしっかりとはコンタクトしない。結果としてラインに乗らない。距離が合わない……。で、入らない。もしくはスリーパットになったりもする。パットにおけるテイクバックは左肩始動で身体を捻り上げる。これでパットの悩みは解決するはずだ。

グリッププレッシャーとボールの転がり

さて、パターのグリップをどれほどの力で握るのか？　そこも大きなテーマ。結論から言えばグリッププレッシャーを柔らかくするとボールは強く転がる。ショートパットで「アレ？」と思いのほかボールが強く転がった経験があるはず。その時はいつもよりグリップを柔らかく握ったから。ショット同様に柔らかく握るとシャフトの先にバランスが移動し、ヘッドが走る。ただしご注意を、ショットではまだしも、パットでの「転がり過ぎ」はスリーパットの原因になりかねない。この加減は練習、経験のなかから学んでいくしかない。

パッティングのフォーム

さて、パッティングでどこにもっとも力を入れるのか？　多くのゴルファーは肩のあたり、あるいは手首に力が入るようだが、スムーズなストロークを実現するには下半身。どっしりとした安定感のある土台を実現しなければスムーズな振り子運動はできない。前述したように私は両脇に上腕を添わすようにして、肘から下、手首までをしっかりと固定したままで、肋骨、肩甲骨を軸としてゆったりと左肩始動で振り子運動させる。ショートパットもロングパットもできる限りゆっくりと、ゆったりとした振り子運動で。けっして強くヒットしないようにして、静かにボールを転がす。手首にあまり力を入れ過ぎないとは言え、フェイス面の向き、位置、傾斜角度などが狂うことのない程度にはグリップ。そのあたりの感覚はあの鏡の時間でのフォームの確認と同時に日々の練習が多少は必要になるかと。

右の掌、左の掌

パターのグリップを固定、握っているのは両手だが、その両手の役割分担を曖昧にしてはいけない。それぞれに明快な役目がある。私の場合、左手はグリップをしっかりと持ち、フェイス面を固定、維持する役割。そして右手の中指、薬指の根元（レギュラーグリップでグリップにもっともしっかりと密着する場所）を距離感覚のセンサーとして機能させる。ちょうど、その中指と薬指の根元あたりでボールを押す、転がす感覚。イメージとしてはアンダースローでボールを地面に転がす感覚。つまり右掌にボールを乗せて転がすイメージだ。まず素振りの前に、眼で距離を確認し、どれほど転がせば良いのかを画像で記憶。その距離をセンサーに伝えてストローク。テイクバックでは左手が役割を果たし、ダウンスウィングで右手のセンサーが必要な距離感で転がしていく。練習グリーンでは眠っていたそのセンサーを呼び起こす作業を繰り返す。何度も繰り返してストロークしていくうちに右手の中指と薬指の根本にあるセンサーが徐々に反応するようになる。この作業は繰り返しの中でしか呼び起こすことはできない。パッティンググリーンでは無駄話をすることなくセンサーとの会話に集中する。

ボール位置と転がり

次のページの2枚のイラスト。上の図ではヘッドが最下点に近い場所でボールを捉えている。下の図では最下点を少しだけ通過したところでヘッドはボールを捉える。結論から申し上げれば、多くのアマチュアゴルファーは上の図にあるような最下点に近いところでヘッドはボールを捉える。そのように教えている教則本もあるようだ。しかし最下点でボールを捉えると、ボールの初動で、逆回転が強くなる。つまりヘッドは上からの入射角度でボールを捉えるからだ。下の図のように、最下点を少し過ぎた位置でヘッドがボールを捉えると、ヘッドはボールに対して上向き方向でコンタクトするので順回転しやすくなる。これが正解。ゆっくりなのに、しっかりと転がるボールが生まれる。これだ！

ボールの位置
もう一度
確認したい

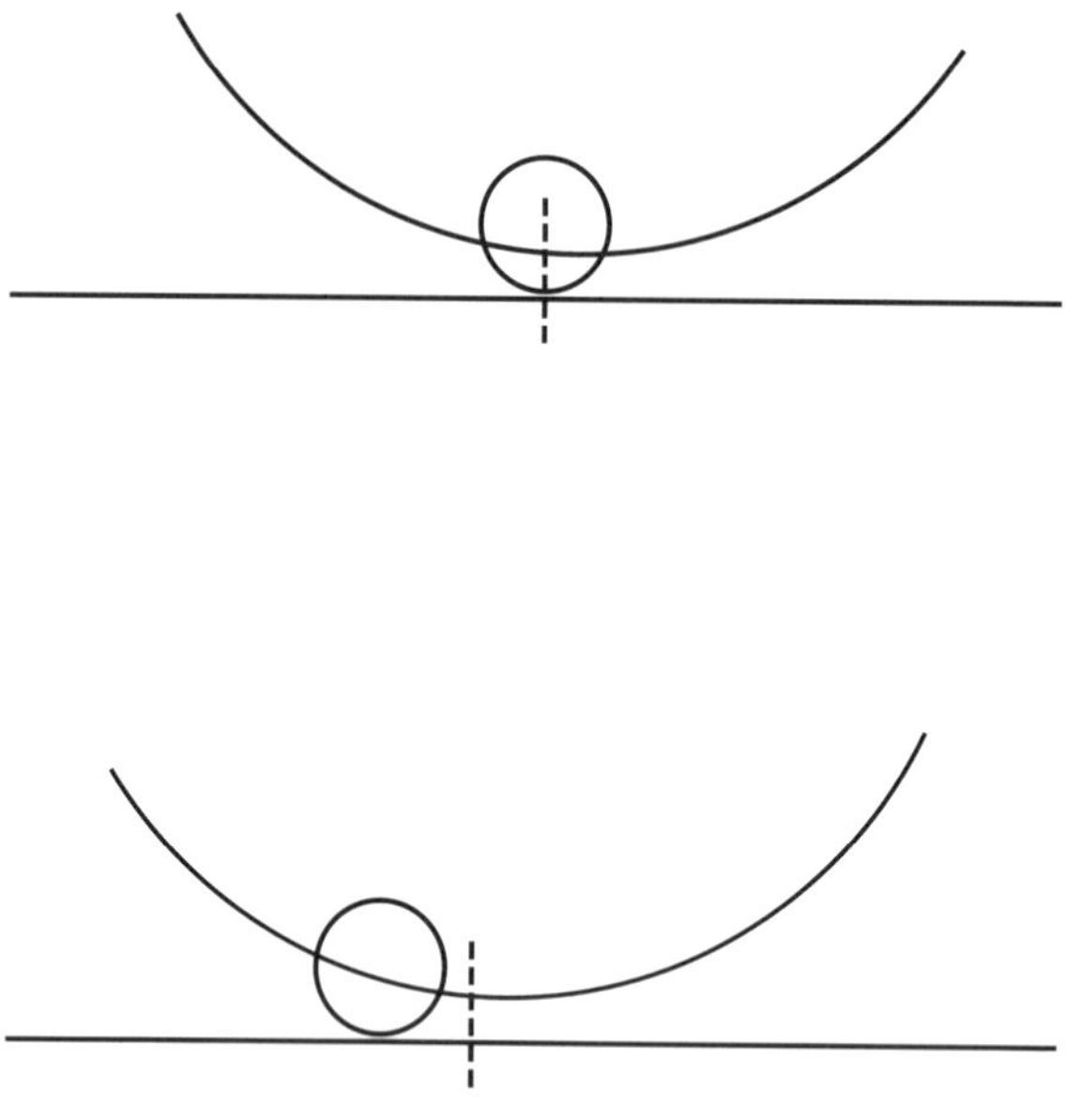

スタンスとボール位置

このイラストの説明に納得できるのであれば、両脚の真ん中よりはボールは少しだけ左に寄るのが自然だと理解される。一度ご自身のパッティングにおけるボール位置を正確に確認してみてほしい。毎回曖昧になっていた。それがもっとも多い回答かもしれない。あるいは強く打っているのに意外にボールが失速する。上手な人のパッティングのボールは変わらないスピードで落ち着いた軌跡を描いてカップに近づいていくのに、自分のボールはいつもカップ直前で失速する。その場合はヘッドがボールに対して上から入っている。つまり最下点でヘッドがボールにコンタクトしてしまっている……のかもしれない。それを意識してパッティンググリーンで確認してみてほしい。もちろん、パターヘッドとボールの位置関係と、その加減については、お持ちのパターのシャフトとヘッドの関係にもよる。ストレートネックのパターとベントネックのパターでは当然ボールの位置は違ってくる。繰り返しの細かな検証が必要になるようだ。

パット。クドいようですが……

もちろん、パットはカップにボールが入ればどのように打ってもいい。と言っても効率を考えて。となると、やっぱり「振り子運動」しかない。2016年に、長尺パターのアンカーリング（グリップを胸に軽く固定しての振り子運動）が禁止された。これはやっぱり「完全な振り子運動」がもっとも効率の良いストロークだからだ。となると、長尺でなくても、前傾角度を維持した肩、肩甲骨での「振り子運動」がベスト。ただし、この肩甲骨を振り子運動させる、この動きに私たち、普通の人間は慣れていない。結果として「手が動く」つまり、パッティングでも手打ちの登場となるのだ。あのタップ打ちなど典型だ。つまりボールを転がすのではなく、叩く。これでは安定して順回転するボールを転がせない。なので、自宅で、あるいはスタート前のグリーンで多少の時間を割いて練習をする。その時に「左肩始動の肩甲骨での振り子運動」これを強く意識する。これととても大事。油断をすると、すぐに手が動いてしまう。それをなんとか肩甲骨の振り子運動で。それともう一点。ショットと同様にフォローで距離のイメージを出して。すると面白いように落ち着いた転がりのボールが。そして、ボールはカップに消えてくれる。アマチュアにとっては「パター・イズ・スコア」。

テイクバックでフェイス面が揺れる

これはよくある。ショートパットでなぜかボールがラインから外れた。その日に限って、フェイス面が落ち着かない。どうしてなのか？　答えは簡単だ。肩、肩甲骨での振り子運動ができていない、つまり「手上げ」になっているからだ。考えてみれば、両腕の長さは同じなのに、グリップではどちらかの手が上か、下に来る。もちろん両手の掌を合わせるようにして同じ長さにしてグリップしている人もいるのだけれど……。肩の振り子運動はとても大事だ。それしかない。肩でストロークができると、しっかりとした回転で、真っ直ぐにラインに乗るボールが転がる。多少のフリクション（グリーン面の凹凸による抵抗）にもあまり左右されないようなしっかりとした転がり。理想だ。これまでも繰り返し記述してきたが、「肩の振り子運動」この動きは普段の私たちの生活の中にはない動きだ。なので、日々しっかりと練習する必要がある。ドライビングレンジで沢山のボールを消費するのも良いが、鏡の前で肩の振り子運動を繰り返す。実際のグリーン上ではロングパットも、ショートパットも、手を使わずに、自分の身体が「振り子運動の機械」になったようにして左右に肩を揺らす。もちろんそれを支える下半身はしっかりと。

ショートパットでもボールに近づきすぎない

ショートパットになるとどうしてもボールに近づき過ぎる傾向がある。ボールとカップとの距離が近いので、その距離感が頭に入り、知らぬ間にボールに近づき過ぎる。それがショートパットのミスの原因だ。注意したい！

Chapter 5

コラム編

ゴルフの罠にハマらないために

「風呂の時間」分析と反省

ミスは起きる。思わぬボールが出る。「少し右へ」「芝を噛む」「なぜか左へ」など。これらの納得しかねるボールが出た時、私は自宅の風呂でその理由を考える。結果として出た「分析」、そこから導き出される「修正点」は頭に残しておいて次回の練習で確認をする。時には風呂から出て、そこで得られた修正点を、自室でのシャドウスウィングで反芻《はんすう》し、身体の動きの中で確認する。それらの繰り返しの中から遅々たる進歩、時には目から鱗の発見などが生まれた。それほどにゴルフスウィングの瞬時の動きには正確性が求められる。だからこそ難しい、だからこそ飽きずに人生の残された時間をかけてまで愉しめる。ウンザリされるだろうが繰り返す。ゴルフは理屈だ。「理屈が空を飛ぶ」とかつて私は確かに書いた。その言葉がどれほどにゴルフの真理を表現しているのかは分からない。しかし自ら考えて答えを出す。この習慣がゴルフを確実に進化させる。間違いない。曖昧に問題を放置したままでは退歩しかない……。

「調子が悪い」ってなんだろう

長年放置された曖昧の中で生まれる言葉、それが「調子が悪い」、あるいは「調子が良い」だ。このなんとも曖昧な表現。ミスの問題を追求することなく、「調子が悪い」という言葉で処理してしまう。上手くいった時になぜに上手くいったのかを検証せずに「今日は調子が良かった」で片付けてしまう。それではせっかくのナイスショットが浮かばれない。「調子」、これはとても日本的な「単語表現」のように思える。この言葉で片付けながら、結果として突きつけられる数字（スコア）に対しての反省も納得もないままに、分析も確認もせずに放置してしまう。それでは「諦めの沼の中の住人」（私はいつもゴルフの進歩なしの万年100叩きゴルファーをこのように呼んでいる）として、苦々しいゴルフから脱出できるはずもない。「調子が悪い」とは言わずに、ミスの原因を探り、解決案を理屈で導き出す。それもゴルフの楽しみの一つだと思うし、この本が少しでもその解決の一助となれば幸いでもある。もう「調子悪い」とは言わないほうが良い。

YouTubeで壊れた

そんな話をこのところよく耳にする。なにゆえにYouTubeを見るとゴルフが、スウィングが壊れるのか？　答えはいくつかある。第一に多くのユーチューバーは（プロもアマも押し並べてみんな）視聴者数を増やしたいと考えている。なので「少し大袈裟」「派手」「個性的」「時に珍妙な」「他のプロとは違った」そんなアドバイスをして視聴者にショックを与えて話題を拡散させたいと考える。これはとても自然なことだ。彼らは視聴者の理解ではなく、あくまでもアクセス数を稼ぎたいと考えているのだ。同様のことがティーチングプロにおいても時には言えそうだ。「個性的なレッスン」のほうが受講者が増えるからだ。それがYouTubeにおいてはより顕著になる。もう一点YouTubeは「時間が短過ぎる」のだ。短い時間で勝負せざるを得ないので、過剰な表現が増え、結果として視聴者の誤解も生まれやすくなる。注意したい。とはいえ、一流のプロ（ツアープロ・コーチなど）のとてもオーソドックスで素晴らしいアドバイスもあるので、試聴の仕方さえ間違えなければ素晴らしい媒体ではある。

経験知

「プリンシプルのない日本」と言ったのは、かの白洲次郎だ。意味は「基本がない」ということだろうか？　さて、基本とは何か？　それはおそらく意味の規定だ。まずは「規定」しないと土台ができないので、積み上がらない、深く理解されない、となる。つまり、なんでも曖昧にしたままにするのが、日本人の得意とするところかもしれない。だから高みには到達できない。

ゴルフは数学にも似ているので「経験知」という曖昧な、応用の利かない「小さな経験」で万事をなそうとするのには無理がある。私は「ああ、理屈が空を飛ぶ」と言いながら、ない知恵を絞った。その結果、この本が生まれた。近頃では同伴者のミスも時には瞬時に分析している。空に飛ぶボールは全て「理屈」によって飛んでいる。もちろん、私のゴルフもミスのオンパレード。分かっているのに欲望の餌食《えじき》となり、無茶振り大魔王が現れる。それがサンプルになる。悲しいけど。クドいようだが……理屈を理解しなければ年齢を超えてゴルフを愉しむことはできない。

感覚の言語化

ゴルフを上達するためには感覚を言語化するという作業が必要だ。ミスが起きた時、なぜに起きたのかを言葉で理解する必要がある。だから理論を映像に転換して覚え、その経緯を言語化しておかなければならない。なぜ？　に対して言葉で答えるようにする習慣。例えばアプローチで思ったよりボールが高く上がり、砲台グリーンに届かなかったとする。なぜか。①クラブ選択ミス、②ボールの位置（少し左に置いていたのでフェイスが開いて当たった）、③距離感のイメージが素振りで筋肉にデータとして届いていなかった……と、合っていようがいなかろうが、ミスの理由を言葉にして反省する。この習慣は上達には大切に思える。ミスを言葉にして反省する。常に理由が必要だ。それを習慣づけないと、ゴルフスウィングの真実が見えないまま、霧の中に消えてしまうからだ。

些細なことを言葉に

スウィングを狂わす「些細なこと」。ゴルフは脆《もろ》い。本当に些細なことで壊れる、時に失われる。何が？　最終的には「運動」が失われる。その運動とは加速運動だ。捻転からの解放によって生まれる「加速運動」だ。この運動を画像にして理解し、その細部までもをコースでは再現することが求められる。なので「丁寧」な確認が必要となる。一度不安が頭をよぎると、身体の全ての筋肉が、神経が、断線してしまったかのように空中分解し、その上、悪いことにミスの記憶がフラッシュバックのように蘇《よみがえ》ってくる。その状況になるともう取り返しがつかない……。これを「イップス」ともいう。

「たった一つの言葉」を乗るクルマの車内に書いて貼る。あるいはその日使うグローブなどに書く。そしてくり返し読む。言葉を確認することによって「自信」を回復する。「これさえ注意すれば上手くいくはず……」。

ゴルフは脆い、簡単に壊れる。だから言葉は大切になる。だから面白い。

「洗練」

ゴルフスウィングの正しい軌道は眼には見えない。空中に線が描かれていればそれをなぞることもできるが、線がない。そのうえ、それぞれの人間の身体には特徴があり、筋力も柔軟性も違う。なのにたった4センチほどの止まっているボールを正確にクラブフェイスに乗せて、目的の場所へ……。それが難しい。だから飽きない。で、いろいろと注意点を列記してきたが、最後になって大事なアドバイスをしておく。「洗練」だ。つまり全ての身体の部位（肘、腕、手首、腰、膝、脚、肩、肩甲骨……）の動きはスムーズでなければならない。時にある「上達へのヒント」を思いついたりすると、その「点」を意識し過ぎて、スウィングの線に瘤のような極端な動きが現れることがある。あくまでも「滑らか」、つまり「洗練」されていなければならない。表現を変えれば、ゴルフスウィングにおいて「極端」はない。「変える」にしても「少し」「ちょっと」でなければならない。と考えると、「ゆっくりとスムーズに加速して振る」が理想なのだけれど。

朝のドライビングレンジ　沁みる「映像」を

朝の練習で何を確認するのか？　考えてボールを打っている人がどれほどいるのだろうか？と、考える。私自身しっかりとしたテーマ（注意点）を持たずに漫然とボールを弾いていた日は間違いなくスコアは期待を裏切っていた。だから、私は気になる点、例えば「ボールとスタンスの距離」をチェックする。

ある私の友人は往きのクルマの中で（同伴者が運転の場合）、あるいは到着したコースの駐車場で、お気に入りの女子プロゴルファーのスウィングのスローモーション映像を観るという。映像での記憶は当日のスウィングの調整には効果が期待できる。美しく、流れるようなスウィングを。スマートフォンさえあれば観られる。現代ならではの「便利」。さて、貴方なら誰のスウィングを観るか？

足裏の話

「地面に足裏から杭を刺す」とスタンスにおける下半身の安定する方法について記した。ただ残念ながら、飛ばしたいと思った瞬間に下半身から力が抜ける。表現を変えれば下半身が「浮く」。浮けば「ズレる」。上半身ばかりに力が入って下半身を忘れる。じゃあどうする？

足裏のどの部分で地面とコンタクトするのか？　正解は土踏まずのある足裏の内側で地面に密着させる、だ。

それが難しいのには理由がある。人間は普段、足裏のどちらかと言えば外側に重心を置いている。なので「足裏の内側に重心を置く」と言われても慣れないので、できない。ただこの「内側に」という表現は言葉が足りない。スウィングの初動時では「母趾球《ぼしきゅう》に重心を置く」のだ。母趾球は点。親指の裏。「点」なので回転しやすくもなる。良いこと尽くめだ。そこから軸の回転に従って重心位置は踵《かかと》へと移動。多少の練習で習慣づける必要はある。ゴルフは、いやスポーツ全般「母趾球」のお世話になる。

守るゴルフ

18ホールで5つのホールをパーで、あとは全てボギーなら85になる。と、考えると苦しくなる。そこを、全てのホールをボギーで良いと考えると、少し楽になる。で、まずは目標を全てボギーの90にしておく。ラウンドの途中のどこかのホールでパーが1回出ると89になる。89は85に近いので、「次に期待が持てる」ということで帰路につける。

もちろん「エイジシュートをしたい」とか夢はあるものの、少し上手に守るゴルフを覚えるのもアマチュアらしい技術（スコアメイク）だ。パー4を2打目で無理せずに刻んで、残り30ヤードのアプローチでパーが取れたら、まさにアマチュアらしい美しく、カッコいいパーだ。拍手のパーだ。攻めるばかりではなく、「守るゴルフ」から学べるものは多い。「優しいスウィング」になれれば自然とスコアは良くなるはず。

私のシャフトについて　反省の弁

この本の取材のために世界的なシェアを誇るあるシャフトメーカーの専門家のインタビューができた。その中身については目から鱗が落ちた。「日本人は硬いシャフトを使い過ぎ。柔らかなシャフトで曲がらないボールが打てなければダメ……」。内容については巻頭で書いた。で、インタビューの後、さっそくドライバーからフェアウェイウッドのシャフトを「軽く」「柔らかく」した。結果は約15ヤード飛距離が伸びた。いつもの仲間の飛ばし屋と互角とは言えないものの、数ホールでは並びそうなところまで飛距離が伸びた。柔らかなシャフトを撓らせて、シャフトの弾性を使ってボールを弾く。おそらく低スピンなのか、さほど叩いている感覚はなく、ボールが伸びた。強く叩いたと言うよりは、シャフトに押し出された感覚。72歳を超えて「シャフト」で飛距離が伸びる。それまでただ自らの腕力に頼っていたのかと思い反省。嬉しくて、帰りのクルマの中でニヤついた。おそらく気持ちの悪い顔になっていたかもしれない。であっても嬉しい。

道具について

シャフトの話と同様で日本人は難しい道具（クラブ）が好きなようだ。「いつかは、ヘッドが小さく、ソール幅がうすいマッスルバック」てなことだろうか？いつでもアイアンの芯でボールを捕まえられるようになればマッスルバックはなにより綺麗だし、シャープ。研ぎ澄まされた感覚のまるで日本刀のような美しさ。私も短期間憧れた時期もあったが、それよりスコア、それより早くシングルへと思い、クラブの機能に頼りっぱなしの30年だ。先日聞いた話だが、ある日本の有名クラブメーカーのドライバーの宣伝用キャッチコピーを重ねれば、約20年でそのメーカーのドライバーの飛距離は４００ヤードを超えていることになるそうだ。忘れっぽい消費者だとは言え、まるで虚言症のようなメーカーの開発者たち、恥ずかしくないのか？　なにがなんでも売らなければ……てなわけだろう。ということで、私はあまりクラブは買い換えない。クラブの評価、評判が安定する頃に買い、そのクラブを長く使い続ける。現在のドライバーも約６年。アイアンにいたっては10年選手。ウェッジは同メーカーの同モデルを20年は使っている。

バンカーと友達になる方法　Bの軌道の確認

「どうせならバンカーに入れたほうが良い」。そうなれたらもう、上手の仲間入りだ。バンカーの難易度は砂の質による……。そんな真面目な話の前にバンカーに入った段階で軽いパニックが起きている。この「バンカー嫌い症候群」を解消するには2つの段階がある。まずは理論武装だ。バンカーショットはボールのほんの僅か下をヘッドが通過することによって、砂がボールを押し上げて飛ばす技術だ。いつもと同じ円軌道がボールではなく、ボールの下を通過すれば良い……。ここでもAの軌道とBの軌道を強く意識する。Bの軌道でボールの上から叩くのではなく、横っ面からボールの下をすり抜ける感覚が大切。で、テイクバックを大きく上げずに必要最低限な高さに。ボールの下を通過して、フォローを高く上げる……。のだが、ほとんどのゴルファーのバンカー内でのスウィングはテイクバックもダウンスウィングも直線軌道になってしまっている。仕方がない。「円を描く、円を描く」と呪文のように唱えながら……やる。あとは祈る！

七転び八起き

71歳の年末にハンディキャップインデックスが5・4までになった。60代での最高が6・4だったので伸びた。正直嬉しかった。それはこの本にも載せた吉田優利プロのスウィングの写真を見たおかげだった。「そうだよ、クラブは後からついてくるんだ……」と。それで腰を切り上げてクラブを徹底的に引っ張った。ヘッドはダフることなくボールを捉え、良いスコアが出てしまった。それから所用が重なり、3ヵ月ほどクラブを握る機会から遠ざかった。久々のラウンドで93ストローク。本人もびっくりした。東京から遠路来られた客人を迎えての長崎（第二のホームコース）でのラウンドであったので、なおのこと悲しかった。飛ばない、ダフる、曲がる……。「風の強い日」であったという言い訳を差し引いたとしても納得できなかった。まるで狐につままれたようなゴルフ。それから「悩みの沼」の中でもがいた約3ヵ月。胸まで沼のドロの中に浸かりながらの暗闘。それでも正月明けの1月の研修会、霙《みぞれ》交じりの極寒の中、バックティーの約6900ヤード。今から考えればこんなコンディションの悪い中、バックティーでのプレーなど無謀。結果は若い飛ばし屋とのラウンドで無茶振り大魔王となり、97。40ヤードもドライバーで置いて行かれた。振れば振るほどに飛ばないドライバー。

少し暗闇の中に光が見えたのが春先。「正確」「丁寧」「優しく」「しなやか」「フェイスに乗せてボールを運ぶ」などの言葉が見えてきた頃だった。昔の師匠からの言葉も思い出した。「ゴルフに力は必要ない……」。やっと、ゆっくりとしたテイクバックから徐々に加速してボールを過ぎたフォローで最速になるようなタイミングとリズムが見えてきた。下半身リードでのスウィング。自然とグリップが優しく握れた。一気にスコアは安定。

ゴルフ、頭でするのか？　身体でやるのか？

痛みの教え

思い出せば、痛恨の97を叩いてから数ラウンド。背中（広背筋）の痛みが悪化した。飛ばないドライバーをなんとかしたい、距離を出そうと振りすぎていたのかもしれない。ダウンスウィングの途中、肘が右脇腹に近づいたあたりで痛みが走る。一度はクラブ競技中にもかかわらず、数ホールで激痛のためリタイア。それでも帰宅後は家人に痛みは内緒にして、ゴルフクラブに通い続けた。とてもゴルフにならなくなっていた。仕方なく、痛みが出ないようにゆっくりとしたスウィングを試みた。けっして無理はせずに「スムーズなスウィング」。右肘と右脇はほぼ離れずに小さなトップ。そこから静かな……ダウンスウィングへ。痛くない！　ドライバーもアイアンも、アプローチも。それよりだんだんとドライバーの飛距離が伸びてきた。下半身リードのあの吉田優利プロ風のスウィングができているような。ボールがグチャッとフェイスにくっついて、シャフトが撓り、ボールを弾いた。

「これだよ、これだ！」

ゆっくりと、優しく、ヘッドにボールを乗せる。あとは腰の回転でシャフトとヘッドが後からボールを乗せて運んでくれる。この感触、この感覚。身体全体がついに、年甲斐もなく「しなやかさ」を手に入れてしまったのかも。このリズム、タイミング。完全に下半身リードでクラブが後からついてくる。

「これだよ、これだ！」

もっと若いうちに、これが分かっていたら……。と、繰り言を言っても始まらない。だってゴルフにはまったのが厄歳42を過ぎてからのことなのだから。現在73歳。あと、5年、贅沢を言えば10年。このレベルでゴルフを愉しみたい。そんな贅沢を今日のところは言いたくなった。

ボールはスウィングが終わった後から飛んでいく

随分と昔、上手な先輩から「ボールはスウィングが終わった後から飛んでいく」と教えられた。聞いた時はちんぷんかんぷん。それから30年近くも経って「そうか！」と思った。たしかに、ナイスショットにはこの感覚がある。実際にそうなのだ。考えてみれば……。ヘッドがボールを乗せる瞬間まで凝視した後、頭はフォロースウィングに引っ張られて、ボールの位置から視線が離れる。フォローへと頭が起き上がった瞬間にボールはヘッドに弾かれてターゲット方向に飛ぶ。そのボールを視線が捉える。本当に瞬時の差で。

「ボールはスウィングが終わった後から飛んでいく」

私にもそんな感覚になれるスウィングができる時がたまにある。

上手になる人、下手のままの人

数十年にわたって観察していると「上手になる人」と「下手のままでいる人」にはあるパターンがあることが見えてきた。

「上手になる人」は、その日のラウンドの「良かったショット」を反芻して、どこが良かったか？　どうして良いショットが出たのか？を考え、記憶しようとする。反対に「下手のままでいる人」はその逆でミスショットに拘泥し、長く悩み、引きずる。もちろん、ミスの理由を考え、分析することも必要だが、基本的にはミスの暗い記憶よりも「ナイスショット」を記憶し、そしてなにゆえにナイスショットができたのかを考える。その分析がもしも間違っていたとしても……良い。ゴルフはミスの記憶がまたミスを呼び、暗い記憶が恐怖心を倍加させる。怖いと思ったら、間違いなくミスが起きる。不安を助長するような記憶など必要ないのだ。ナイスショットの記憶を重ね、そしてそのナイスの理由をあまりシリアスにならないようにして、理解する。それで良い。その成功の記憶を重ねていく。それでシングルにはなれる。

『だからゴルフはやめられない』

このコピーは1993年に毎日新聞社から出版された夏坂健さんの本のタイトルだ。夏坂さんとは縁あってたびたびラウンドでお付き合いいただき、貴重な話を伺うこともできた。もう遥か昔。

さて、40歳を過ぎて嫌嫌《いやいや》始めたゴルフにはまって随分と時間も経過した。さて、なんではまったのか？　ゴルフに。以前は「軌跡の実体験」と書いたこともあったが、これは嘘だ。本当の理由は「エスケープ」だ。「現実逃避」だ。イギリス人はリゾートという逃避の方法を産業革命時に創出している。数週間、日常から逃避して心の深呼吸をさせる。やっと心が健やかさを取り戻した頃に都会の喧噪の中へと、仕方なく帰る。彼らも考えたものだ。で、ゴルフもそうだ。仕事を忘れて一日ボールに興じる。いい大人が。いや、いい大人だからこそ逃避が必要なのだと、言い訳をしてまたゴルフ場へ。ならば、私の現在のようにリタイアした後の言い訳はどうなるのか？　理由などなくとも、さっさとゴルフ場に逃げる。そして深呼吸。

古江彩佳の素振り

2024年のマイヤーLPGAクラシックで最終日8位にくい込んだ古江彩佳プロのプレーを観戦していた。最終日、バンカーに入った大事な場面で古江プロは数回にわたって、素振りを繰り返していた。その素振りがまさに「振り子」だった。砂の深さ、重さ、そして打つべき飛距離、ボールの転がりを想定しての素振りで、彼女は丁寧に「必要な振り子」を想定して身体にデータを刷り込むようにして振り子運動（手上げではなく）を丹念に繰り返した後にスウィング。ボールはカップに向かって飛び、転がり、停止した。ここ一番での集中力と同時に基本に忠実な彼女のルーティンに深い感銘を受けた。結果、最終ホールでもバーディーを取り、68のラウンドで8位に入った。けっして身体能力に恵まれているわけでもない古江のスウィングとルーティンにアマチュアの学ぶべき全ての要素があることに深い感銘を受けると同時に、日々のプレーにこのバンカーショットの映像を私自身の記憶に刷り込んでおかなければと思えた。

設計図面を引くようなもの

スウィングを作る、これは考えてみれば「設計図面を引く」ようなもの、と私は考えている。だから「理屈が空を飛ぶ」と以前書いた。要するに究極のスウィングは「振り子運動」を自らの身体を使って機能させるのだから、そのための「図面」を設計し、組み立てる……と考える、私は。図面に従って完成した機能はその後の飛球を約束してくれる。設計図面が歪んでいればボールは曲がる。もちろんそれが意図的になされていれば良い。スライスもフックも、高い飛球も、低い球筋も、スピン量も、ラフの芝をヘッドが噛む本数もすべて結果としての飛球に現れる……。と、考えながら自らのスウィングを想像し、創造する。それがゴルフだ！

筋力、柔軟性、身長、そして運動センス……と自らのゴルフの至らなさ（失敗）の理由を考え、慰めの言葉を模索するよりも、鏡の前に立ち、自らの肉体を「道具」と考え、その設計図の「歪み」を修正する。私はこの本を書きながら飛距離が10ヤードは伸びた。まだ暫くは愉しめそうだ。

ついに見つけたスウィングの「紐」

クドクドと書いてきた。なのに、ある日自分のスウィングが壊れた。感染症に罹患したのかもしれなかった。なにより理由が「わからない」。ちょっと重症かも。スコアも崩れた。仕方なく「俺も歳かな」「そろそろゴルフに見切りをつけなければいけない時がきたか」と弱気を吐いた。それでも諦められなかった。もう一度自分の原稿を読み直した。練習場に通った。5回目の練習場。ボールが伸びた。これかもしれないと思える「気づき」があった。ドライバーのボールが静かに伸びてネットに刺さった。「これかも？」。翌日、コースへ。冬の早朝、気温0度。凍てつくドライビングレンジで「気づき」のポイントを確認。

結果は41、39。冬のオフシーズンでは良いスコア。ちなみに430ヤードのミドルホールもパー。軽い丘を登って、ボールのところまで歩いてみると、先月よりドライバーの飛距離が20ヤードほど伸びていた。ちょっと狐につままれた気分。やっぱりあの「気づき」は正しかったのだ。腑に落ちた。

「気づき」のポイントは「紐」だ。巻頭で「ここの理屈は一本の紐状になっている」と書いている。「理屈」とは言うまでもなくスウィング理論のこと。その紐がとうとう見つかった。ドライバーではまさにシャフトにボールが乗って弾かれていた。けっして強打はしていない。シャフトに、ヘッドに、ボールが乗って（ちょっとくっついたような感覚）飛んだ。同様にアイアンも、アプローチも。

でその「紐」とは？　それは「軌道」だ。「軌道」は一本の線。だから「紐」。なのにこれまで「強く打ちたい」の念が強すぎた。あまりにダウンスウィングの途中で、肝心の円軌道が崩れて、歪んでいたのだ。できていなかった自分。おそらくヘッドがボールにコンタクトする数十センチ前あたり、そのあたりで我慢できずに軌道が直線に戻ろうとしていた。最速降下曲線とか言っていた自分ができていない。「丁寧に」「急がずに」「完全な円軌道で加速」これが本当に難しい。

この紐のお陰でもしかすると往年の飛距離が多少は戻ってくるのかも。もちろんアプローチもバンカーのミスも減り……。

ゴルフはこの「紐」だ。ドライバーだけでなく、すべてのクラブは丁寧に「紐状の円」を描ければよい。

スウィングは実はこれなんです

あとがきにかえて

メトロノームと「でんでん太鼓」

epilogue

友人のティーチングプロが随分と昔、「練習の時はメトロノームを置いています」と言っていた。お分かりのようにメトロノームとは木製のボディから伸びた金属製の棒が左右に振れてリズムを正確に刻む機械。それから30年近くが過ぎて、その真意が理解できた。ゴルフスウィングはあのメトロノームのように左右対称に身体（クラブは一体となり）が振り子運動する。狂いのないリズムで「振り子運動」させるのだ。そのリズムをメトロノームを使って音で脳に刷り込んでいると同時に、左右に狂いのないリズムで振れる棒の映像を脳裏に焼き付ける。となると今流行りのスマホなどを使った音のリズムだけではダメ。だから彼はメトロノームを使って練習していたのだ。初めて聞いた当時の私は「振り子」どころではなく、無茶振り大魔王まっしぐらであったので、真意などまったく理解できなかった。

もう一人、友人の紹介でお目に掛かったプロから「ゴルフスウィングはでんでん太鼓なのだ」と言われて、何を言われているのか分からなかった。それがとうとうこの本を書きながら、考え、悩み、言葉を探しながら、実践、模索する中で「そうだよ、ゴルフスウィングはでんでん太鼓なのだ」「そうだよ、メトロノームのようにゴルフスウィングの理想は完全なる振り子運動なのだ」と理解できた。ただし、でんでん太鼓の場合、左右から伸びた紐の先の小さな球体が太鼓にぶつかり音がする。その太鼓と球体の衝突に印象が強く残るので、「分からない」となるが、要点はその前まで、軸の回転に紐に括《くく》り付けられた球体が加速しながら追いかけていく、そこがゴルフスウィングの要点を表現していた。そして吉田優利プロのあの写真はまさにでんでん太鼓だ。

実はこの本を記述している間に迷いが消えて73歳にもなって飛距離も伸びた。素直に嬉しかった。力ではなく、理屈でゴルフをする。スポーツは科学なのだ。それにしても「メトロノーム」と「でんでん太鼓」。あまりにも印象深い単語表現であったので最後に記した。

2025年2月　永田　玄

取材協力　嵐山カントリークラブ

永《なが》田《た》玄《げん》

Nagata Gen

1952年東京生まれ。編集者。厄年からゴルフをはじめ、気がつけば「虜」に。嵐山カントリークラブで腕を磨きながら、文藝春秋より2012年に出版した『ゴルフに深く悩んだあなたが最後に読むスウィングの5ヵ条』が大ヒット。『ゴルフに泣かされた夜あなたが心にきざむスコアメイクの具体策』『あなたがもう迷わずにゴルフを上達するための意識改革と練習方法』（いずれも文藝春秋）をあわせ「永田三部作」としてアマチュアゴルファーの間で話題を呼び、シリーズ累計10万部に達した。娘や孫の住む長崎市の野母崎ゴルフクラブではクラブチャンピオン、シニアチャンピオン、グランドシニアチャンピオンに。本書執筆時のハンディキャップインデックスは5.6。

「完全《かんぜん》振《ふ》り子《こ》理論《りろん》」で学ぶ

最《さい》後《ご》のゴルフレッスン

2025年3月11日　第1刷発行

著者　永田《ながた》　玄《げん》

発行者　篠木和久

発行所　株式会社　講談社

〒112-8001　東京都文京区音羽2丁目12-21

電話　編集　03-5395-3544

販売　03-5395-5817

業務　03-5395-3615

印刷所　株式会社新藤慶昌堂

製本所　株式会社若林製本工場

定価はカバーに表示してあります。

ISBN978-4-06-539106-8

N.D.C.783.8 269p 20cm

KODANSHA